1冊でわかる！

改正早わかりシリーズ

令和4年
4月1日より
段階的に
施行

育児・介護
休業法

就業規則、社内様式、労使協定例

OURS小磯社会保険労務士法人

特定社会保険労務士　代表社員 **小磯優子**　社会保険労務士　社員 **高橋克郎** [著]

労務行政

はじめに

　少子高齢化という国の課題に対して、子を産み育てやすい社会にすることしか解決策はありません。デジタル化の急速な進展と新型コロナウイルス感染拡大により働き方やライフスタイルが大きく変化し、人々の意識や価値観が変わる変革期の到来の中で、育児も当然ながらこれまでとは異なったかたちになるはずです。今回の育児介護休業法の改正はそのような変化する時代の中での施行になります。

　改正で、男性が育児休業を取得しやすい、子の出生直後に複数回育児休業を取得できる「出生時育児休業」が創設されます。さらに事業主に求められる雇用環境の整備、育児休業の分割取得など柔軟に育児休業が取得できるための措置も盛り込まれています。先進国の中で高い出生率を維持しているフランスは、男性を含めた働き方の見直しや男性の家事・育児参加を推し進めたことが出生率回復の要因の一つといわれています。男性の家事や育児時間は、女性の継続就業や第2子以降の出生割合にも大きな影響があることが国内の統計でも示されており、今回の改正が社会構造の大きな変化の流れの中で育児休業の取得促進の契機となり、少子高齢化の課題解決につながることを願っています。

　なお、本書の執筆にあたり、一般財団法人労務行政研究所の井村様、深澤様の多大なるご支援、また同研究所の皆様のご協力に感謝し、心より御礼申し上げます。

OURS小磯社会保険労務士法人

特定社会保険労務士

代表社員　小磯　優子

娘（長女）は、私が社会保険労務士の試験に合格する前年に生まれました。それまで社会保険労務士事務所の仕事の中で、育児や介護に関する法令や手続きに特別に強く関心を持つことはありませんでしたが、自分が父親として当事者になり、日々、妻とともに子どもと生活を共にすることで、段々とその重要性を強く認識し、同時に制度の難しさや複雑さを実感したのを覚えています。

　今回の法改正は、近年でも特に多くの規則や運用の変更を伴う内容となっています。制度を利用する当事者である従業員の方も、「これまでの制度からどのように変わるのか」「自分も制度を利用できるのだろうか」と不安と疑問をたくさん抱えていることかと思います。

　本書を手に取っていただいた企業の人事・労務のご担当者には、制度を利用する方の気持ちに寄り添っていただきながら、改めて自社としてどのように仕事と育児の両立支援をサポートしていくかを再確認いただければと思います。

　我が国は引き続き出生率が十分に高まらない状況ですが、育児・介護の制度は子どもたちの成長と同じように、毎年のように変化しています。まだまだ課題も多くあると思いますが、このように少しずつ新たな制度が作られ、変わっていくことは、社会や政治の子育てへの関心の高まりを示しているようで、とてもうれしく思います。

　本改正が少子高齢問題の改善をもう一歩前に進めてくれることを期待しています。

OURS小磯社会保険労務士法人

社会保険労務士

社員　高橋　克郎

※本書は、令和4（2022）年1月末現在の情報を基に解説しています。

Contents

Contents

Contents

Contents

◉法令名等の略語凡例

・**育児・介護休業法、育介法**→育児休業、介護休業等育児又は家族介護を行う労働者の福祉に関する法律

・**育介則**→育児休業、介護休業等育児又は家族介護を行う労働者の福祉に関する法律施行規則

・**育介指針**→子の養育又は家族の介護を行い、又は行うこととなる労働者の職業生活と家庭生活との両立が図られるようにするために事業主が講ずべき措置等に関する指針

・**育介通達**→育児休業、介護休業等育児又は家族介護を行う労働者の福祉に関する法律の施行について

・**均等法**→雇用の分野における男女の均等な機会及び待遇の確保等に関する法律

・**均等則**→雇用の分野における男女の均等な機会及び待遇の確保等に関する法律施行規則

・**均等指針**→労働者に対する性別を理由とする差別の禁止等に関する規定に定める事項に関し、事業主が適切に対処するための指針

・**パートタイム・有期雇用労働法**→短時間労働者及び有期雇用労働者の雇用管理の改善等に関する法律

第1章

改正ポイント・新旧対比

1

☞32ページ

妊娠・出産の申し出に対する
個別の制度周知・意向確認措置の義務化

育児・介護休業法

令和4年4月1日施行

●事業主の義務として、労働者またはその配偶者が妊娠し、または出産したことその他これに準ずる事実を申し出たときは、事業主は個別の制度周知（個別周知）と意向確認の措置を講じなければならないとされました

改正前

規定なし

改正後

妊娠・出産等を申し出た労働者への個別周知・意向確認措置は、以下のとおり（出生時育児休業は令和4年10月1日から対象）

① 「育児休業・出生時育児休業に関する制度、育児休業・出生時育児休業の申し出先、育児休業給付に関すること、労働者が育児休業・出生時育児休業期間について負担すべき社会保険料の取り扱い」の個別周知

② 「育児休業・出生時育児休業の申し出をするかどうか」の意向確認

実務ポイント
個別周知・意向確認の方法については、面談、書面交付、ファクシミリの送信、電子メール等の送信がある。取得を控えさせるような形での個別周知・意向確認の措置の実施は認められない

2

☞ 37ページ

育児休業の申し出・取得を円滑にするための雇用環境整備の義務化

育児・介護休業法

令和4年4月1日施行

> ●事業主は、育児休業の申し出・取得が円滑に行われるようにするため、雇用環境整備としての措置のいずれかを選択して講ずることが定められました

改正前

規定なし

改正後

雇用環境整備措置として、以下のいずれかを選択して講じなければならない（出生時育児休業は令和4年10月1日から対象）
①自社の労働者に対する育児休業・出生時育児休業に関する研修の実施
②育児休業・出生時育児休業に関する相談体制の整備
③自社の労働者の育児休業・出生時育児休業の取得に関する事例の収集・提供
④自社の労働者に対する育児休業・出生時育児休業に関する制度と育児休業の取得の促進に関する方針の周知

実務ポイント
・雇用環境整備措置を講ずるに当たっては、可能な限り、複数の措置を行うことが望ましい
・1カ月以上の長期休業の取得を希望する労働者がいた場合、希望するとおりの期間の休業を申し出ることができ、また取得することができるように、事業主は配慮することが必要

3

☞42ページ

有期雇用労働者の 育児休業申し出要件の緩和

育児・介護休業法

令和4年4月1日施行

> ●有期雇用労働者の育児休業の申し出要件 が緩和され、「引き続き雇用された期間が 1年以上である者」が削除されます

改正前

有期雇用労働者が育児休業の申し出をするための要件は、 以下の2要件

①引き続き雇用された期間が1年以上である者

②その養育する子が1歳6カ月に達する日までに、その 労働契約（労働契約が更新される場合にあっては、更 新後のもの）が満了することが明らかでない者

改正後

有期雇用労働者が育児休業の申し出をするための要件は、 以下の1要件

・その養育する子が1歳6カ月に達する日までに、その 労働契約（労働契約が更新される場合にあっては、更 新後のもの）が満了することが明らかでない者

実務ポイント

労使協定を締結した場合には、無期雇用労働者と同様に、 事業主に引き続き雇用された期間が1年未満である有期 雇用労働者を育児休業の対象から除外することが可能

4

☞47ページ

育児・介護休業法

有期雇用労働者の 介護休業申し出要件の緩和

令和4年4月1日施行

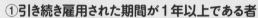

●有期雇用労働者の介護休業の申し出要件 が緩和され、「引き続き雇用された期間が 1年以上である者」が削除されます

改正前

有期雇用労働者が介護休業の申し出をするための要件は、 以下の2要件
①引き続き雇用された期間が1年以上である者
②介護休業開始予定日から起算して93日を経過する日 から6カ月を経過する日までに、その労働契約（労働契 約が更新される場合にあっては、更新後のもの）が満 了することが明らかでない者

改正後

有期雇用労働者が介護休業の申し出をするための要件は、 以下の1要件
・介護休業開始予定日から起算して93日を経過する日 から6カ月を経過する日までに、その労働契約（労働契 約が更新される場合にあっては、更新後のもの）が満 了することが明らかでない者

実務ポイント
休業の申し出ができるのは、「介護休業開始予定日から起 算して93日を経過する日から6月を経過する日までに、 その労働契約が満了することが明らかでない者」とされ ているため、契約期間が1年未満等短い場合には休業を 申し出ることができない者に該当する可能性があり、留 意が必要

☞ 51ページ

育児・介護休業法

5 育児休業の分割取得と撤回

令和4年10月1日施行

●育児休業は、原則として子の1歳到達日までの期間内に2回に分割して取得（出生時育児休業の取得回数は除く）できるとされました

 改正前
育児休業の取得回数は、同じ子について原則として1回とされており、分割取得はできない

 改正後
育児休業の取得回数は同じ子について原則として2回までの分割取得が可能（出生時育児休業の取得回数は、この2回には含まれない）

実務ポイント
分割取得が可能になったことで、事業主の管理については極めて煩雑になることが考えられるため、システム構築等により履歴をきちんと残せる仕組みづくりが必要

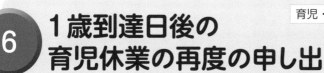

6 1歳到達日後の育児休業の再度の申し出

☞58ページ

令和4年10月1日施行

> ●1歳から1歳6カ月または1歳6カ月から2歳に達するまでの子の育児休業（延長期間中）について、特別の事情がある場合、再度の申し出が可能となります

改正前

1歳到達日後の育児休業について、再度の申し出（再取得）は認められない

改正後

1歳到達日後の育児休業について、特別の事情がある場合には、再度の申し出（再取得）ができる（ただし、延長申請の要件である「休業することが雇用の継続のために特に必要と認められる場合」に該当することが必要）

実務ポイント

1歳到達日後の期間において育児休業の終了が「特別の事情」である場合は、1歳到達日後の育児休業の再取得が可能。また、特別の事情による育児休業の終了が1歳到達日前であっても、1歳到達日後の期間における取得は認められる

19

7 ☞63ページ

育児・介護休業法

1歳到達日後の 育児休業の取得時期の柔軟化

令和4年10月1日施行

> ●1歳到達日後（延長期間中）の育児休業の取得時期の柔軟化がなされ、育児休業の取得時期として「配偶者の育児休業終了予定日の翌日以前の日」を選択することができることとなりました

1歳到達日後の育児休業についての開始日は、子の1歳到達日※の翌日または1歳6カ月到達日の翌日のみ可能

※「パパ・ママ育休プラス」取得の場合は、1歳2カ月到達日等、労働者または配偶者の育児休業終了予定日

1歳到達日後の育児休業の開始日として、以下のいずれかを認める

①子の1歳到達日の翌日または1歳6カ月到達日の翌日

②配偶者が子の1歳到達日の翌日または1歳6カ月到達日の翌日から育児休業をしている場合には、配偶者の育児休業終了予定日の翌日以前の日

実務ポイント

1歳到達日後の育児休業の開始日が、1歳到達日の翌日または1歳6カ月到達日の翌日以外にも発生することとなるため、育児休業の申し出の時期について、明確に周知しておく必要がある

育児・介護休業法

8 育児休業の申し出事項の追加

☞66ページ

令和4年10月1日施行

> ●育児休業の申し出事項に、既にした育児休業申し出がある場合の育児休業期間等が追加されました

規定なし

上記のほか、以下①～③を育児休業申し出事項に追加

①育児休業申し出に係る子について、既にした育児休業申し出がある場合の育児休業期間

②育児休業申し出に係る子について、既にした育児休業の申し出の撤回がある場合にあっては、その旨

③1歳到達日後の育児休業の再取得の事由である「特別の事情」がある場合にあっては、当該事情に係る事実

実務ポイント

育児休業申出書の申し出事項への追加が必要。育児休業の分割取得が可能になったことに伴う記載の追加であり、「既にした育児休業申し出」および「既にした育児休業申し出の撤回」を管理することになる

21

9
☞68ページ

育児・介護休業法

出生時育児休業
（産後パパ育休）の新設

令和4年10月1日施行

●**男性の育児休業取得促進の施策として、「出生時育児休業（産後パパ育休）」が新設されます。子の出生後8週間以内に、通算4週間を限度として2回に分割して取得することが可能です**

 改正前

規定なし

 改正後

・通常の育児休業とは別に取得できる育児休業（出生時育児休業）を新設
・子の出生の日から8週間以内に、最大2回に分割して通算4週間を限度として取得可能
・労使協定の締結等、要件を満たせば休業期間中に就業ができる

実務ポイント
・既に取得済みのパパ休暇や育児休業の状況、子の年齢・月齢によって施行日後に取得できる休業が異なるので、施行日前後は注意が必要
・休業中の就業に関する同意等の確認方法は、メール等のほか、SNS、ビジネスチャット、ウェブアンケートフォームなどを利用して、双方向で通知・発信が可能な媒体を用いて実施することが効率的

育児・介護休業法

10 育児休業の取得状況の公表

☞ 90ページ

令和 5 年 4 月 1 日施行

●常時雇用する労働者の数が 1000 人を超える事業主は、毎年少なくとも 1 回、その雇用する労働者の育児休業の取得状況として一定の内容を公表しなければならないこととされました

規定なし

労働者数が1000人を超える大企業に公表を義務づけることになる育児休業の取得状況は、以下のいずれかの割合（育介則71条の4）

①男性の育児休業等取得率

②男性の育児休業等および育児目的休暇の取得率

実務ポイント

・公表は自社のホームページや厚生労働省のウェブサイト「両立支援のひろば」への掲載等により行う

・「育児休業等」または「育児休業等および育児目的休暇」を 1 日でも取得していれば、公表が義務づけられた育児休業取得状況にカウントされる

11

育児・介護休業法

不利益な取り扱いの禁止

☞95ページ

令和4年4月1日・10月1日施行

●解雇等不利益な取り扱いの禁止規定が追加されます

 改正前

妊娠・出産・育児休業等を理由とする不利益な取り扱いを禁止

 改正後

・「労働者またはその配偶者が妊娠し、または出産したこととその他これに準ずる事実を申し出た」ことを理由とする、解雇その他不利益な取り扱いを禁止（令和4年4月1日施行）

・出生時育児休業中の就業に関する一定の事由等を理由とする解雇その他不利益な取り扱いを禁止（令和4年10月1日施行）

実務ポイント

均等法においても、妊娠・出産等を理由とする不利益な取り扱いの禁止規定が定められている。均等法と育児・介護休業法に定められた「妊娠・出産、育児休業等に係る不利益な取り扱いの禁止事項」については、後掲98ページの早見表を参照

12 育児休業中の健康保険料・厚生年金保険料の免除範囲の拡大と縮小

健康保険法・厚生年金保険法

☞ 105ページ

令和4年10月1日施行

●育児休業期間中は社会保険料（健康保険料・厚生年金保険料）が免除となりますが、本改正により月次給与に係る保険料の免除となる範囲は拡大し、賞与に係る保険料の免除範囲は縮小することとなります

改正前

月末に育児休業を取得している場合は、当月分の給与および賞与の社会保険料が免除となる

改正後

以下のとおり変更となる

・給与：改正前の要件に加えて、月末に休業していなくても同月内に14日以上休業していれば、保険料免除の対象となる→免除範囲は拡大

・賞与：月末に休業していても、1カ月を超える期間の休業とならない場合は、保険料免除の対象とならない→免除範囲は縮小

実務ポイント

・保険料免除は、給与計算に直結する手続きのため、要件をしっかりと整理し、過誤なく手続きを実施できるよう準備する必要がある

・特に賞与計算を行う際には、従来どおり、「①月末を含む育児休業が予定されているかどうか」の確認と同時に、「②当該休業が1カ月を超える期間の申し出か」を併せて確認する必要がある

13 育児休業給付金受給の要件に係る特例

雇用保険法

☞111ページ

令和3年9月1日施行

> ●出産日のタイミングによって育児休業給付金の受給要件を満たさなくなるケースを解消するため、被保険者期間の計算の起算点に関する特例（特例基準日）が設けられました

改正前

規定なし

改正後

労働基準法に定める産後休業をした被保険者で、育児休業給付金の受給要件である育児休業を開始した日前2年間にみなし被保険者期間が12カ月に満たない場合に、育児休業を開始した日ではなく「産前休業開始日」を特例基準日として2年間さかのぼり、受給要件を満たすことができるものとする特例を新設

実務ポイント

産前休業の開始日等が起算点となることで、これまで出産してからでないと育児休業給付金の受給資格を満たすか否かの判断がつかなかったところ、今回の改正により、早い段階で受給資格の有無を確認することが可能となった

14 出生時育児休業給付金の創設

☞114ページ　　　　　　　　　　　　令和4年10月1日施行

> ●出生時育児休業に対応する「出生時育児休業給付金」が創設されました

 規定なし

 雇用保険法の被保険者が、子の出生の日から起算して8週間を経過する日の翌日までの期間内に4週間以内の期間を定めて「出生時育児休業」をした場合には、従来の育児休業給付金とは別に、出生時育児休業給付金が支給される

実務ポイント
・出生時育児休業給付金は、出生時育児休業を開始した日前2年間に、みなし被保険者期間が通算して12カ月以上あったときに支給される
・2回に分けて出生時育児休業を取得するケースでも、支給手続きが煩雑にならないよう、1度の手続きにより行うこととされている

雇用保険法

15 育児休業給付金の改正

☞ 119ページ

令和4年10月1日施行

> ●育児休業の分割取得に合わせて、同一の子に係る育児休業給付金も2回に分割して受給できるものとされました

改正前

規定なし

改正後

1歳未満の子について、育児休業の分割取得ができることになったことに合わせて、同一の子に係る育児休業給付金も原則として2回に分割して受給できる

実務ポイント

休業開始時賃金証明書の取り扱いは、初回の休業に限り提出することで足りる。同一の子について2回以上の育児休業等をした場合でも、再度の手続きは不要

育児・介護休業法　改正対応スケジュール（例）

改正項目	改定作業項目	令和3年度	令和4年度 4月　　10月	令和5年度 4月
[育児・介護休業法関係] 個別周知・意向確認 雇用環境整備	個別周知・意向確認の方法検討・準備 雇用環境整備の措置の検討・準備	➡	4/1施行	
有期雇用労働者の取得要件緩和	**令和4年4月施行対応** **育児介護休業規程改定・周知** 協定適用除外者検討（改定の場合協定締結）	➡	4/1施行	
出生時育児休業	**令和4年10月施行対応** **育児介護休業規程改定・周知** 申し出時期最大1カ月とするための労使協定検討・締結 休業期間中の就業について検討・労使協定締結		➡ 10/1施行	
育児休業分割取得の申し出 出生時育児休業の申し出	育児休業・出生時育児休業の申し出様式の整備		➡ 10/1施行	
男性の育児休業等の取得率公表	自社における男性の育児休業取得率等、対象者の状況の把握、公表準備		➡	4/1施行
[健康保険法・厚生年金保険法関係] 社会保険料免除範囲の見直し	社会保険料免除範囲の見直しの周知・事務処理確認		➡ 10/1施行	
[雇用保険法関係] 出生時育児休業給付金支給 育児休業給付金分割支給	育児休業給付の改定周知・事務処理確認		➡ 10/1施行	

➡ が準備期間の例

第2章

改正法の主な内容

育児・介護休業法の改正

1. 令和4年4月1日施行

[1] 妊娠・出産の申し出に対する個別の制度周知・意向確認措置の義務化（育介法21条）

改正のポイント

　　今回の改正で、事業主の義務として、労働者またはその配偶者が妊娠し、または出産したことその他これに準ずる事実を申し出たときは、事業主は個別の制度周知（個別周知）と意向確認の措置を講じなければならないとされました[図表1]。

改正前　規定なし

改正後　妊娠・出産等を申し出た労働者への個別周知・意向確認措置は、以下のとおり（出生時育児休業は令和4年10月1日から対象）。

①「育児休業・出生時育児休業に関する制度、育児休業・出生時育児休業の申し出先、育児休業給付に関すること、労働者が育児休業・出生時育児休業期間について負担すべき社会保険料の取り扱い」の個別周知

②「育児休業・出生時育児休業の申し出をするかどうか」の意向確認

図表1　妊娠・出産（本人または配偶者）の申し出をした労働者に対する個別の周知・意向確認の措置

周知事項	①育児休業・出生時育児休業に関する制度 ②育児休業・出生時育児休業の申し出先 ③育児休業給付に関すること ④労働者が育児休業・出生時育児休業期間について負担すべき社会保険料の取り扱い
個別周知・意向確認の方法	①面談　②書面交付　③FAX　④電子メール等　のいずれか 　　　　　　　　　　注：③④は労働者が希望した場合のみ オンライン面談もOK

※出生時育児休業については、令和4年10月1日から対象。
資料出所：厚生労働省（事業主向け）説明資料「育児・介護休業法の改正について～男性の育児休業取得促進等～」を基に一部加工（[図表2] も同じ）。

 解説 ‥‥‥‥‥‥‥‥‥‥‥‥‥‥‥‥‥‥‥‥‥‥‥‥‥‥‥‥‥‥‥‥●

(1)個別周知・意向確認の方法

　個別周知・意向確認の方法については、下記の①～④のいずれかの方法により行わなければならないこととされました（育介則69条の3第2項）。③④については、労働者が希望する場合に限られます。

①面談（オンライン面談も可）

②書面交付

③ファクシミリの送信

④電子メール等の送信（出力により書面作成することができるものに限る）

(2)個別周知の内容

　個別周知の内容は、以下のとおりです（育介則69条の3第1項）。

①育児休業に関する制度

②育児休業の申し出先

③雇用保険法に定める育児休業給付に関すること

④労働者が育児休業期間について負担すべき社会保険料の取り扱い

　また、令和4年10月1日以降、以下が追加になります。

①出生時育児休業に関する制度

②出生時育児休業の申し出先

③労働者が出生時育児休業期間について負担すべき社会保険料の取
り扱い

(3) 個別周知・意向確認の措置を講じなければならない「事実」

　労働者またはその配偶者が妊娠し、または出産したことのほか、
以下に掲げる「事実」を申し出たときにも、個別周知・意向確認の
措置を講じることになります（育介則69条の2）。

①労働者が特別養子縁組の成立を家庭裁判所に請求し、1歳に満た
ない者を現に監護していることまたは特別養子縁組の成立につい
て請求を予定しており、請求にかかる1歳に満たない者を監護す
る意思を明示したこと

②労働者が養子縁組里親として1歳に満たない児童を委託されてい
ることまたは受託する意思を明示したこと

③労働者が養子縁組里親として児童を委託することができない者で
あって、養育里親として1歳に満たない者を委託されていること
または受託する意思を明示したこと

(4)「育児休業等に関する定めの周知等の措置」(努力義務)との関係

　従来から事業主の努力義務として、労働者の育児休業および介護
休業中における待遇に関する事項などをあらかじめ定めた上で周知
させる措置が定められており、これには労働者もしくはその配偶者
が妊娠・出産等したことを知ったときに周知する措置を含むものと
されていました。今回の改正による個別周知義務は、従来からある
周知規定（努力義務）に追加する形で新たに定められたものとなり
ます。従来からの周知規定（努力義務）自体に変更がないことに留
意が必要です。

(5) 不利益な取り扱いの禁止

　事業主は、上記(3)の「事実」の申し出をしたことを理由として、当
該労働者に対して解雇その他不利益な取り扱いをしてはなりません。

個別周知と労働者の意向を確認するための措置は、労働者による育児休業申し出が円滑に行われるようにすることを目的とするものであることから、取得を控えさせるような形での個別周知・意向確認の措置の実施は認められません。また、意向確認の措置は、事業主から労働者に対して、意向確認のための働き掛けを行えばよいとされており（育介指針）、労働者の育児休業の取得についての具体的な意向を把握することまでを求めるものではない、とされています（育介通達）。

また、前述のとおり、前記 **解説** (2)の個別周知の内容には、令和4年10月1日以降、「①出生時育児休業に関する制度」「②出生時育児休業の申し出先」「③労働者が出生時育児休業期間について負担すべき社会保険料の取り扱い」が追加されます。

実務 ポイント

個別周知・意向確認の方法については、電子メール等の送信方法が認められており、労働基準法における労働条件明示と同様に、近年の通信手段の多様化を踏まえ、労働者が希望した場合には、ウェブメール（Gmail 等）や SNS（LINE や Facebook等）による方法も可能です。

申し出の際に、事実を証明することができる書類の提出を労働者に求めることはできますが、労働者が証明書類の提出を拒んだ場合であっても、事実の申し出自体の効力には影響がないものであるとされています（育介通達）。

Q1：本人から申し出がない場合の個別周知義務の適用

本人から申し出がなかった場合であっても、個別周知を行う必要はありますか。

A1：本人から申し出がなかった場合、個別周知の義務はありません。ただし、妊娠・出産報告の時に制度周知は不要である旨の意思表示をしていた場合でも、措置を講ずること（面談を行わず書面の郵送でも可能）が求められます（186ページ「令和3年改正育児・介護休業法に関するQ&A」Q2-3）。また、改正前からも、労働者の育児休業および介護休業中における待遇に関する事項などをあらかじめ定めた上で周知させる措置を講ずることは努力義務として定められており、留意が必要です（改正前の育介法21条、改正後の同法21条の2）。

Q2：意向確認時に労働者からの明確な回答がない

意向確認に当たって、育児休業を取得するか否かについて労働者から明確な回答を得る必要はありますか。

A2：意向確認の措置については、事業主から労働者に対して意向確認のための働き掛けを行えばよく、労働者の育児休業の取得についての具体的な意向を把握することまでは求められていません（育介通達）。また、意向確認時に「取得の意向はない」旨を労働者が示したとしても、その後、法に基づく育児休業の申し出があった場合、事業主は育児休業の申し出を拒むことはできません（189ページ「令和3年改正育児・介護休業法に関するQ&A」Q2-13）。

Q3：「個別周知・意向確認」義務に違反した場合

事業主の義務とされた「個別周知・意向確認」の対応に違反があった企業に対しては、どのような措置がありますか。

A3：「個別周知・意向確認」の対応に違反があった場合について、

罰則の定めはありません。ただし、「厚生労働大臣は、この法律の施行に関し必要があると認めるときは、事業主に対して、報告を求め、又は助言、指導若しくは勧告をすることができる」（育介法 56 条）ことが定められており、虚偽報告や報告を怠った場合は過料や企業名公表等が行われます。

[2] 育児休業の申し出・取得を円滑にするための雇用環境整備の義務化（育介法 22 条）

改正のポイント

今回の改正では、事業主は、育児休業の申し出・取得が円滑に行われるようにするため、以下の雇用環境整備としての措置のいずれかを選択して講ずることが定められました［図表2］。

| 改正前 | 規定なし |

| 改正後 | 雇用環境整備措置の内容は以下のとおり。①～④のいずれかを選択して講じなければならない（出生時育児休業は令和 4 年 10 月 1 日から対象）。 |

①自社の労働者に対する育児休業・出生時育児休業に関する研修の実施

②育児休業・出生時育児休業に関する相談体制の整備

③自社の労働者の育児休業・出生時育児休業の取得に関する事例の収集・提供

④自社の労働者に対する育児休業・出生時育児休業に関する制度と育児休業の取得の促進に関する方針の周知

図表2　育児休業の申し出・取得をしやすい雇用環境の整備

①育児休業・出生時育児休業に関する**研修の実施**
②育児休業・出生時育児休業に関する相談体制の整備（**相談窓口設置**）
③自社の労働者の育児休業・出生時育児休業取得**事例の収集・提供**
④自社の労働者に対する育児休業・出生時育児休業**制度と育児休業取得促進**
　に関する方針の周知

※出生時育児休業については、令和4年10月1日から対象。

 解説

　今回の改正では、事業主に雇用環境整備の措置が義務づけられましたが、中小企業にも配慮し、研修の実施、相談窓口設置、制度や取得事例の情報提供等の複数の選択肢からいずれかを選択することとされました（育介法22条、育介則71条の2）。ただし、雇用環境の整備の措置を講ずるに当たっては、可能な限り、複数の措置を行うことが望ましいとされています（育介指針）。

発展

　育児休業等に関し個別の働き掛け等の取り組みがある場合は、そうでない場合に比べて取得した割合が高くなる一方で、男性では6割以上が企業からの働き掛けがなかったと回答している調査結果もあります。また、法改正前の労働政策審議会建議では、育児休業を取得しやすい環境を整備するためには、事業主による労働者への個別の働き掛けや職場環境の整備を進めることが有効であると指摘されていました。

　[図表3] は、事業主の措置義務（個別周知・意向確認、雇用環境の整備に関する措置等）について、改正前後を比較したものです。

　雇用環境整備に関する措置①の研修については、雇用するすべての労働者に対して研修を実施することが望ましいものであるが、少なくとも管理職の者については研修を受けたことのある状態にすべきとされ、研修の実施に当たっては、定期的な実施や調査を行う等

図表3　事業主の措置義務等：改正前後の比較

※出生時育児休業は令和4年10月1日から対象。

区　分	改正前	改正後
改正後新設 個別周知・意向確認 （義務）	なし	●育介法21条1項 ・個別周知の内容 　①育児休業・出生時育児休業に関する制度 　②育児休業・出生時育児休業の申し出先 　③育児休業給付に関すること 　④労働者が育児休業期間について負担すべき社会保険料の取り扱い ●育介法21条2項 ・解雇その他不利益取り扱いの禁止
周知 （努力義務）	●育介法21条、育介則70条	●育介法21条の2、育介則70条
	以下の事項についてあらかじめ労働者に周知する措置※を講ずるよう努めなければならない。 ①育児・介護休業中の待遇 ②育児・介護休業後の賃金・配置等 ③育児・介護休業期間が終了した労働者の労務の提供開始時期 ④介護休業期間中、労働者が負担すべき社会保険料の事業主への支払い方法 ※事業主が妊娠・出産等をしたことを知ったときの同措置を含む。	
改正後新設 雇用環境の整備に関する措置 （義務）	なし	●育介法22条1項 以下のいずれかの措置を講じなければならない。 ①雇用する労働者に対する育児休業・出生時育児休業に関する研修の実施 ②育児休業・出生時育児休業に関する相談体制の整備 ③雇用する労働者の育児休業・出生時育児休業の取得に関する事例の収集・当該事例の提供 ④雇用する労働者に対する育児休業・出生時育児休業に関する制度と育児休業の取得の促進に関する方針の周知
雇用管理等に関する措置 （努力義務）	●育介法22条1項	●育介法22条2項
	育児休業および介護休業の申し出ならびに休業後における就業が円滑に行われるようにするため、労働者が雇用される事業所における労働者の配置その他の雇用管理、育児休業または介護休業をしている労働者の職業能力の開発および向上等に関して、必要な措置を講ずるよう努めなければならない。	

職場の実態を踏まえた実施および管理職層を中心に職階別に分けて実施する等の方法が効果的と考えられています（育介通達）。

　雇用環境整備に関する措置③の事例の収集・提供については、自社の育児休業の取得事例を収集し、当該事例の掲載されたガイドブック等書類の配付やイントラネットへの掲載等を行い、労働者が閲覧できるようにすることとされています（育介通達）。

　また、事例の収集・提供に当たっては、男女双方の事例を収集し、提供することが原則とされていますが、対象者がいない場合に男女いずれか片方のみとなることはやむを得ず、また、提供する取得事例を特定の性別や職種、雇用形態等に偏らせず、可能な限りさまざまな労働者の事例を収集・提供することにより、特定の者の育児休業の申し出を控えさせることにつながらないように配慮することとされています（育介通達）。

実務 ポイント ··●

　男性の育児休業取得促進策としての雇用環境の整備に関する措置の義務化であるため、事業主は短期だけでなく1カ月以上の長期の休業の取得を希望する労働者が希望するとおりの期間の休業を申し出ることができ、また取得することができるように配慮するものとされています（育介指針）。

Q1：育児休業が取得しづらい職場での雇用環境の整備
　　繁忙期や業務の性質上、育児休業が取得しづらい職場においても、雇用環境の整備に関する措置を実施する必要がありますか。
A1：雇用環境の整備に関する措置は、労使協定の締結による適用除外が定められておらず、多様な職場においても対応が

可能であるよう配慮の上の選択的措置とされていることから、繁忙期や業務の性質上、育児休業が取得しづらい職場においても実施する必要があります。

Q2：法令で定められた措置以外の措置による雇用環境の整備

雇用環境整備に関する措置について、法令で定められた措置以外の措置を講じることで対応してもよいでしょうか。

A2：雇用環境整備に関する措置は、法令で定められたいずれかの措置の中から選択して講じなければならないとされています。一つ以上の措置を選択していればよいと解されますが、定められた措置以外の措置を講じても法改正に対応したことにはなりません。なお、改正法案の附帯決議（令和3年4月15日：参議院厚生労働委員会、令和3年6月2日：衆議院厚生労働委員会）において「可能な限り、複数の措置を行うことが望ましいことについて、事業主の理解を得るよう努めること。」とされています。

Q3：他の研修の一部として行う育児休業に係る研修

雇用環境整備に関する措置の中で定められている、雇用する労働者に対する育児休業に係る研修の実施は、他の研修の一部として実施しても問題はないでしょうか。

A3：他の研修の一部として育児休業に係る研修を実施することは問題ありません。

Q4：育児休業の申し出をする年齢層の社員がいない場合

A4：育児休業の申し出対象となる子には、養子縁組等も含まれており、特定の年齢層に限らず申し出が行われる可能性があり、すべての事業主が雇用環境の整備を行う必要があります(191ページ「令和3年改正育児・介護休業法に関するQ&A」Q 3-5)。

[3] 有期雇用労働者の育児休業申し出要件の緩和
（育介法5条）

改正のポイント

　有期雇用労働者の育児休業の申し出要件が緩和され、「引き続き雇用された期間が1年以上である者」が削除されます［図表4］。

改正前
有期雇用労働者が育児休業の申し出をするための要件は、以下の2要件である。
①引き続き雇用された期間が1年以上である者
②その養育する子が1歳6カ月に達する日までに、その労働契約（労働契約が更新される場合にあっては、更新後のもの）が満了することが明らかでない者

改正後
上記要件は、以下の1要件となる。
・その養育する子が1歳6カ月に達する日までに、その労働契約（労働契約が更新される場合にあっては、更新後のもの）が満了することが明らかでない者

解説

　今回の改正で、雇用形態にかかわらず育児休業を取得しやすくなるよう有期雇用労働者の育児休業取得要件の一つである「引き続き雇用された期間が1年以上である者」が削除され、無期雇用労働者と同様の取り扱いとすることとなりました。

　なお、労使協定による適用除外の規定については引き続き残ることになります。したがって、労使協定を締結した場合には、無期雇用労働者と同様に、事業主に引き続き雇用された期間が1年未満で

図表4　有期雇用労働者の育児・介護休業申し出要件の緩和

改正前
- ●育児休業の場合
- (1)引き続き雇用された期間が1年以上
- (2)1歳6カ月までの間に契約が満了することが明らかでない
- ●介護休業の場合
- (1)引き続き雇用された期間が1年以上
- (2)介護休業開始予定日から93日経過日から6カ月を経過する日までに契約が満了することが明らかでない

令和4年4月1日～
育児休業・介護休業いずれも、(1)の要件を撤廃し、(2)のみに
※無期雇用労働者と同様の取り扱い
（引き続き雇用された期間が1年未満の労働者は労使協定の締結により除外可）
※育児休業給付、介護休業給付についても同様に緩和

資料出所：厚生労働省（事業主向け）説明資料「育児・介護休業法の改正について～男性の育児休業取得促進等～」を基に一部加工。

ある有期雇用労働者を育児休業の対象から除外することが可能です。

発展

　育児休業の申し出があった時点で以下のいずれかに該当する労働者は、原則として、労働契約の更新がないことが確実であると判断され、有期雇用労働者の申し出要件を満たさない場合に該当することとされています（育介指針）。
①書面または口頭により労働契約の更新回数の上限が明示されている労働者であって、当該上限まで労働契約が更新された場合の期間の末日が子が1歳6カ月に達する日以前の日であるもの
②書面または口頭により労働契約の更新をしない旨が明示されている労働者であって、育児休業申し出のあった時点で締結している労働契約の期間の末日が子が1歳6カ月に達する日以前の日であるもの［図表5］
　ただし、上記①または②の有期雇用労働者の申し出要件に該当しない場合であっても、❶雇用の継続の見込みに関する事業主の言動、

図表5　有期雇用労働者が育児休業の申し出要件を満たさないとされるケース
（例：当初から2年間を限度とした契約）

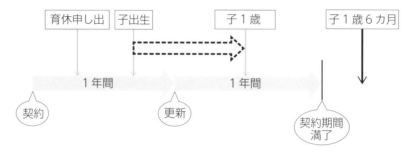

❷同様の地位にある他の労働者の状況、❸当該労働者の過去の契約の更新状況等から、これに該当しないと判断される場合もあり得る（育介通達）とされています。

実務 ポイント ・・・

　労使協定により除外された労働者からの休業の申し出は拒むことができるとする法の規定まで削除されるわけではありません。ただし、労使協定により除外することができるのは以下の労働者に限られ、無期雇用労働者または有期雇用労働者にかかわらず適用されます。労使協定で適用が除外できる者は以下のとおりです（育介法6条1項、育介則8条）。

①事業主に引き続き雇用された期間が1年に満たない労働者

②育児休業申し出の日から起算して1年以内（1歳から1歳6カ月に達するまでの子および1歳6カ月から2歳に達するまでの子の申し出をする場合は、6カ月以内）に雇用関係が終了することが明らかな労働者

③1週間の所定労働日数が2日以下の労働者

　育介法6条1項および育介則8条は、労使協定を締結した場合に育児休業の対象から除外できる者の範囲の最大限度を示しており、これよりも広い範囲で除外できる者を定めることはできません。例

えば、男性はすべて育児休業の対象から除外する旨の労使協定を締結することはできません（厚生労働省「育児・介護休業法のあらまし」）。仮にそのような労使協定を締結した場合は、男女雇用機会均等法に抵触する可能性もあると考えます。

Q1：派遣労働者への適用

「引き続き雇用された期間が1年以上」という要件が削除されることによる有期雇用労働者の育児休業取得要件の緩和については、派遣労働者にも適用されますか。

A1：今回の改正による育児休業取得要件の緩和については、派遣労働者であっても派遣元事業主との契約が有期契約であれば対象となります。

Q2：有期雇用労働者の育児休業の申し出要件の緩和の背景

今回の有期雇用労働者の育児休業の申し出要件緩和の背景には有期雇用労働者の育児休業の取得率が低かったことがあるのでしょうか。

A2：有期雇用労働者の育児休業取得率は、全体と比較した場合、特に女性で低くなっています。

平成30年10月1日から令和元年9月30日までの1年間に在職中に出産した女性のうち、令和2年10月1日までに育児休業を開始した者（育児休業の申し出をしている者を含む）の割合（育児休業取得率）は81.6％、同期間に配偶者が出産した男性のうち、令和2年10月1日までに育児休業を開始した者の割合（育児休業取得率）は12.65％です（厚生労働省「令和2年度雇用均等基本調査」［事業所調査］）[図表6]。それに対し、同期間内に出産した、有期雇用労働者

図表6　育児休業取得率の推移

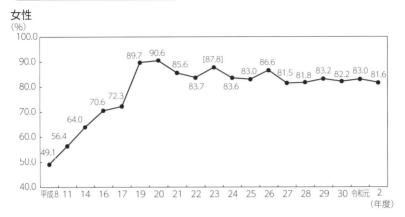

女性
(%)

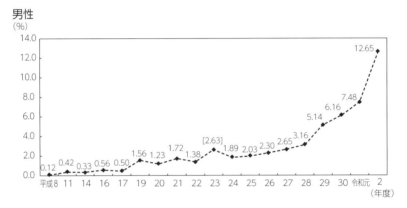

男性
(%)

(有期契約労働者)　　　　　　　　　　　　　　　　　　　　　　　　　　　　　　　　　　−％−

	平成17年度	20年度	22年度	23年度	24年度	25年度	26年度	27年度	28年度	29年度	30年度	令和元年度	2年度
女性	51.5	86.6	71.7	[80.7]	71.4	69.8	75.5	73.4	70.0	70.7	69.6	77.5	62.5
男性	0.10	0.30	2.02	[0.06]	0.24	0.78	2.13	4.05	3.42	5.69	7.54	3.07	11.81

出産者のうち、調査時点までに育児休業を開始した者
（開始予定の申し出をしている者を含む。）の数
育児休業取得率＝ ─────────────────────────────
調査前年の9月30日までの1年間（※）の出産者
（男性の場合は配偶者が出産した者）の数

（※）平成22年度までは、調査前年度1年間。

資料出所：厚生労働省「令和2年度雇用均等基本調査」（事業所調査）を基に一部加工して作成。
注：平成23年度の［　］内の割合は、岩手県、宮城県および福島県を除く全国の結果。

（女性）の育児休業取得率は 62.5％で、同期間内において配偶者が出産した有期雇用労働者（男性）の育児休業取得率は 11.81％となっています。平成 28 年の改正でも有期雇用労働者の申し出の要件が緩和されましたが、今回の改正は、さらに有期雇用労働者の育児休業取得率を正社員に近づけるためのものといえます。

［4］有期雇用労働者の介護休業申し出要件の緩和 （育介法 11 条）

改正のポイント

有期雇用労働者の介護休業の申し出要件が緩和され、「引き続き雇用された期間が 1 年以上である者」が削除されます［図表4］。

改正前
有期雇用労働者が介護休業の申し出をするための要件は、以下の 2 要件である。 ①引き続き雇用された期間が 1 年以上である者 ②介護休業開始予定日から起算して 93 日を経過する日から 6 カ月を経過する日までに、その労働契約（労働契約が更新される場合にあっては、更新後のもの）が満了することが明らかでない者

改正後
上記要件は、以下の 1 要件となる。 ・介護休業開始予定日から起算して 93 日を経過する日から 6 カ月を経過する日までに、その労働契約（労働契約が更新される場合にあっては、更新後のもの）が満了することが明らかでない者

解説 ....●

　今回の改正で、雇用形態にかかわらず、育児休業と同様に介護休業を取得しやすくなるよう有期雇用労働者の介護休業の取得要件の一つである「引き続き雇用された期間が1年以上」が削除され、無期雇用労働者と同様の取り扱いとなりました。

　労使協定により除外された従業員からの休業の申し出は拒むことができるとする法の規定まで削除されるわけではない点は、育児休業と同様です。労使協定により除外することができるのは以下の労働者に限られ、無期雇用労働者または有期雇用労働者にかかわらず適用されます（育介法12条2項、育介則24条）。

①事業主に引き続き雇用された期間が1年に満たない労働者
②介護休業申し出の日から起算して93日以内に雇用関係が終了することが明らかな労働者
③1週間の所定労働日数が2日以下の労働者

実務 ポイント ....●

　介護休業の場合、休業の申し出をすることができるのは、「介護休業開始予定日から起算して93日を経過する日から6月を経過する日までに、その労働契約が満了することが明らかでない者」（育介法11条1項）とされているところから、契約期間が1年未満等短い場合には休業を申し出ることができない者に該当する可能性があり、留意が必要となります［図表7］。

　育児・介護休業法において、労使協定の締結等により適用を除外できる者をまとめると、［図表8］のとおりとなります。

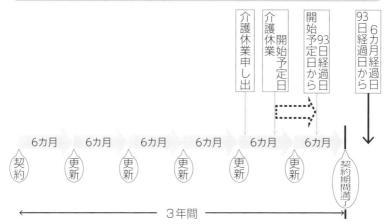

図表 7　有期雇用労働者の場合の介護休業の申し出要件を満たさないとされるケース（例：当初から 3 年間を限度とした契約）

Q1：有期雇用労働者のみを適用除外とする労使協定の定め

育児休業または介護休業の対象として、「有期雇用労働者に限り勤続年数 1 年未満の場合は適用除外とする」と労使協定を締結することにより制約を設けることは可能ですか。

A1：育児・介護休業法においては、有期雇用労働者に限り勤続年数 1 年未満の場合は適用除外とする労使協定の締結を制限する規定はありません。ただし、同一労働同一賃金の観点から「パートタイム・有期雇用労働法」に抵触する可能性があります。また、「雇用形態にかかわらず育児・介護休業を取得しやすくしていく」という改正法の趣旨とも異なるため、望ましいとはいえないと考えます。

Q2：勤続年数が 1 年以上・所定労働日数が週 2 日の有期雇用労働者

勤続年数が 1 年以上でも、所定労働日数が週 2 日の有期

雇用労働者については、育児休業の適用除外としてもよいでしょうか。

A2：労使協定による適用除外については、適用除外として定められたすべての要件に該当していることを求められてはいないため、所定労働日数が週2日の有期雇用労働者については勤続年数にかかわらず適用除外とすることは問題ありません。

図表8　労使協定の締結等により適用を除外できる者

制度	労使協定の締結等により適用を除外できる者
育児休業	①引き続き雇用された期間が1年に満たない者 ②育児休業の申し出があった日から起算して1年（1歳から1歳6カ月に達するまでの子および1歳6カ月から2歳に達するまでの子の申し出については6カ月）以内に雇用関係が終了することが明らかな者 ③1週間の所定労働日数が2日以下の者
出生時育児休業 （令和4年10月1日施行）	①引き続き雇用された期間が1年に満たない者 ②申し出の日から起算して8週間以内に雇用関係が終了することが明らかな者 ③1週間の所定労働日数が2日以下の者
子の看護休暇	①引き続き雇用された期間が6カ月に満たない者 ②1週間の所定労働日数が2日以下の者 ③時間単位の取得については、業務の性質または業務の実施体制に照らして、時間単位で休暇を取得することが困難と認められる業務に従事する者
所定外労働の制限	①引き続き雇用された期間が1年に満たない者 ②1週間の所定労働日数が2日以下の者
所定労働時間の短縮措置 （短時間勤務制度）	①引き続き雇用された期間が1年に満たない者 ②1週間の所定労働日数が2日以下の者 ③業務の性質または業務の実施体制に照らして、所定労働時間の短縮措置が困難と認められる業務に従事する者（育児関係のみ）
介護休業	①引き続き雇用された期間が1年に満たない者 ②介護休業申し出があった日から起算して93日以内に雇用関係が終了することが明らかな者 ③1週間の所定労働日数が2日以下の者
介護休暇	①引き続き雇用された期間が6カ月に満たない者 ②1週間の所定労働日数が2日以下の者 ③時間単位の取得については、業務の性質または業務の実施体制に照らして、時間単位で休暇を取得することが困難と認められる業務に従事する者

時間外労働の制限 （労使協定の定めは不要）	①引き続き雇用された期間が1年に満たない者 ②1週間の所定労働日数が2日以下の者
深夜業の制限 （労使協定の定めは不要）	①引き続き雇用された期間が1年に満たない者 ②深夜において、常態として子の保育または対象家族の介護ができる16歳以上の同居の家族で以下のいずれにも該当する者がいる者 　(a)深夜において就業していない者（深夜の就業日数が1カ月に3日以下の者を含む） 　(b)負傷・疾病または身体上もしくは精神上の障害により請求に係る子の保育または対象家族の介護をすることが困難な状態にある者でないこと 　(c)6週間（多胎妊娠では14週間）以内に出産する予定または産後8週間を経過しない者でないこと ③1週間の所定労働日数が2日以下の者 ④所定労働時間の全部が深夜にある者

2. 令和4年10月1日施行

[1] 育児休業の分割取得と撤回（育介法5条2項、8条1・2項）

改正のポイント

　育児休業は、原則として子の1歳到達日までの期間内に2回に分割して取得（出生時育児休業の取得回数は除く）できるものとされました。

　なお、育児休業の申し出を撤回した場合については、撤回した申し出に係る育児休業をしたものとみなされます。

改正前 育児休業の取得回数は、同じ子について原則として1回とされており、分割取得はできない

改正後 育児休業の取得回数は、同じ子について原則として2回までの分割取得が可能（出生時育児休業の取得回数は、この2回には含まれない）

(1)育児休業の分割取得

　これまで育児休業については、分割取得は不可とされており、原則1回のみ取得できるものとされていました。例外的にいわゆる「パパ休暇」として、子の出生後8週間以内に父親等が育児休業を取得した場合等に、再度の取得が認められていました。

　今回の改正により、出生直後の時期に限らず、その後も継続して夫婦でともに育児を担うためには、夫婦交代で育児休業を取得しやすくする必要がある等の観点から、原則として2回までの分割取得が認められることになりました。

(2)出生時育児休業との関係

　改正により育児休業を2回に分割して取得できることとなりますが、この「2回」に出生時育児休業の取得回数は含まれていません。したがって、出生時育児休業の2回の分割取得を合わせると、子の1歳到達日前までの期間内に、原則として最大4回分割して育児休業を取得することができることになりました　[図表9]。

(3)パパ休暇

　いわゆる「パパ休暇」については、そもそも初回の休業取得が進

図表9　1歳までの育児休業の分割取得事例

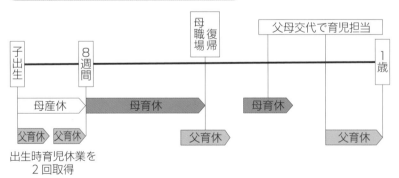

んでいないという状況を踏まえ、今回の改正によって、より柔軟で取得しやすい仕組みである「出生時育児休業」の創設と前記育児休業の分割取得化に見直され、廃止されました。

⑷申し出の撤回

改正前の育児休業制度では申し出を撤回すると、その後は特別の事情がない限り再度の申し出をすることはできませんでした。今回の改正により、分割して2回の取得が可能になることを踏まえ、一度撤回した場合は、その申し出に係る1回分について「育児休業をしたものとみなす」こととされました。

⑸特別の事情

1歳到達日までの期間内に2回の育児休業ができることになりますが、特別の事情がある場合については、さらに育児休業を取得することができます。

特別の事情については、以下の①～⑧のとおりとされています(育介則5条)。

①第2子以降の産前産後休業期間が始まったことにより、育児休業が終了したが、その期間等が終了する日までに、産前産後休業に係る子のすべてが以下のいずれかに該当するに至ったとき

(a)死亡したとき

(b)養子となったことその他の事情により労働者と同居しなくなったとき

②第2子以降の新たな育児休業期間または出生時育児休業期間が始まったことにより、育児休業が終了したが、その期間が終了する日までに、新たな育児休業または出生時育児休業に係る子のすべてが以下のいずれかに該当するに至ったとき

(a)死亡したとき

(b)養子となったことその他の事情により労働者と同居しなくなったとき

(c)特別養子縁組が成立しなかったとき、または養子縁組が成立し

　　ないまま養子縁組里親に係る委託措置が解除されたとき

③介護休業期間が始まったことにより、育児休業が終了したが、その期間が終了する日までに、介護休業に係る対象家族が死亡するに至ったとき、または離婚、婚姻の取り消し、離縁等により対象家族との親族関係が消滅するに至ったとき

④子の親である配偶者が死亡したとき

⑤子の親である配偶者が負傷、疾病または身体上もしくは精神上の障害により子を養育することが困難な状態になったとき

⑥婚姻の解消その他の事情により配偶者が子と同居しないこととなったとき

⑦子が負傷、疾病または身体上もしくは精神上の障害により、2週間以上の期間にわたり世話を必要とする状態になったとき

⑧子について保育所等における保育の利用を希望し、申し込みを行っているが、当面その実施が行われないとき

発展

　改正前までは、育児休業の申し出の撤回については、開始予定日の前日まで可能とされていましたが、いったん申し出を撤回した労働者は、次の場合を除き、同じ子について再び育児休業の申し出をすることができませんでした。

①1歳から1歳6カ月または1歳6カ月から2歳に達するまでの子の育児休業に係る申し出をする場合

②配偶者が死亡したとき等の「特別の事情」がある場合

　今回の改正により、1回目の申し出を撤回した場合、その撤回した1回目分については「育児休業をしたものとみなす」こととされ、残る2回目分のみ申し出ができることとなります［図表10］。

図表10　育児休業の申し出：改正前後の比較

区　分		改正前	改正後
開始	繰り上げ	1回限り可（一定事由の場合）	変更なし
	繰り下げ	法規定なし（応ずることは義務ではない）	変更なし
終了	繰り上げ	法規定なし（応ずることは義務ではない）	変更なし
	繰り下げ	1回限り可（事由を問わず）	変更なし
申し出の撤回		可。ただし再度の申し出は不可	可。ただし撤回に係る申し出については育児休業をしたものとみなす

実務 ポイント

⑴夫婦で柔軟な運用が可能に

　改正前までは、育児休業は原則1回のみの取得となっており、1歳到達日前に職場復帰をすることにより育児休業を終了してしまうと、特別の事情がない限り2回目の取得はできませんでした。そのため、職場復帰については慎重にならざるを得ない面がありました。

　今回の改正により2回の分割取得が可能となり、例えば母親が職場復帰の際いったん育児休業を終了して父親と交代した後、再度の取得で交代できる（前掲［図表9］参照）という点で、夫婦で柔軟な運用が可能となり、安心して育児休業を終了し、職場復帰をすることができることになりました。

⑵1回の取得日数の制限は不可

　今回の改正でも、育児休業は原則として1歳到達日までの期間において取得できるとされているのみで、1回の取得日数については限定されていません。そのため、1回の取得日数の制限を事業主が独自に定めることはできません。

⑶申し出を2回撤回した場合

　改正により、育児休業の申し出を撤回した場合については、撤回

された1回について1回の育児休業をしたものとみなすことと規定されました。したがって、申し出を2回撤回した場合は、特別の事情がない限り、再度の申し出をすることはできません。

(4)履歴管理が可能な仕組みづくり

　今回の改正により、育児休業の原則2回の分割取得が認められたことで、出生時育児休業と合わせると、計4回の育児休業を取得することが可能となりました。

　育児休業の分割取得については、特に男性の育児休業の取得促進につながると考えられますが、夫婦で交代で育児休業を取得するということが可能となり、働く母親にとっても、長期に職場を離れることなく仕事と育児の両立が図りやすくなったといえます。分割取得により育児休業の取得期間や取得時期にさまざまな選択肢ができたことになり、今後育児休業の取得のパターンはかなり広がりを見せるものと予測できます。

　ただし、分割取得が可能になったことにより、事業主の管理については極めて煩雑になることが考えられます。システム構築等により、履歴をきちんと残せる仕組みづくりが必要となります。

Q1：「パパ休暇」「パパ・ママ育休プラス」と育児休業の併用
　「パパ休暇」「パパ・ママ育休プラス」と育児休業の併用は可能ですか。

A1：「パパ休暇」は「出生時育児休業」に変わりますが、出生時育児休業と本来の育児休業の分割取得との併用は可能です。

　また、「パパ・ママ育休プラス」と育児休業の併用も可能です。その場合、子が1歳2カ月に到達するまでに2回の分割取得が可能となります。

Q2：2回分をまとめてした分割取得の申し出の撤回

　　2回分をまとめてした分割取得の申し出を撤回した場合、再度の申し出はできないのでしょうか。

A2：1歳までの育児休業について、1回の申し出で分割取得2回分を行った後、その2回分とも撤回した場合は、形式上は1回の撤回でも、法律上は2回分の撤回になるので、その後は育児休業を取得できません。

Q3：労働者が希望した取得日数や時期の調整

　　労働者が希望した取得日数や時期について、事業主側が調整することはできますか。

A3：育児・介護休業法6条において、事業主は、労働者からの育児休業の申し出があったときは、当該育児休業の申し出を拒むことができないと規定されています。育児休業の取得に当たって、事業主に調整が認められているのは、所定の申し出期間後に労働者から申し出があった場合に、開始予定日の指定ができるということのみです。そのため、事業主が育児休業の取得日数や時期について労働者に調整を強制することはできないものと解されます。

　　ただし、業務に支障が生じる等の事情があるため、事業主が労働者に取得日数や時期について相談することができないわけではありません。あくまで労働者の意思を尊重しつつ、対等な立場で話し合うことで取得日数や時期を調整することは可能であると考えます。

[2] 1歳到達日後の育児休業の再度の申し出
　　（育介法5条3項、4項）

改正のポイント

　1歳から1歳6カ月または1歳6カ月から2歳に達するまでの子の育児休業（延長期間中）について、特別の事情がある場合には、再度の申し出が可能となります。

改正前 | 1歳到達日後の育児休業について、再度の申し出（再取得）は認められない

改正後 | 1歳到達日後の育児休業について、**特別の事情が**ある場合には、再度の申し出（再取得）ができる（ただし、延長申請の要件である「休業することが雇用の継続のために特に必要と認められる場合」に該当することが必要）

解説

(1) 1歳到達日後の育児休業の申し出（再取得）

　改正前は、1歳到達日後の育児休業の申し出（再取得）は認められていませんでした。今回の改正においても、原則として再取得ができないことに違いはありませんが、「特別の事情」がある場合には、育児休業を再取得できることとされました［図表11］。

(2) 「特別の事情」とは

　子の1歳到達日または1歳6カ月到達日後の期間に育児休業を再取得できる特別の事情は、以下の①～③のとおりです（育介則5条の2）。

①第2子以降の産前産後休業が始まったことにより、育児休業が終

図表11　1歳到達日後の育児休業の再取得

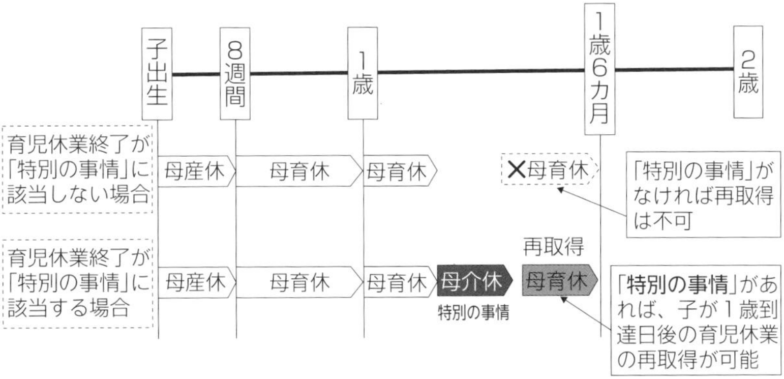

了したが、その期間等が終了する日までに、産前産後休業に係る子のすべてが以下のいずれかに該当するに至ったとき

(a)死亡したとき

(b)養子となったことその他の事情により労働者と同居しなくなったとき

②第2子以降の新たな育児休業または出生時育児休業が始まったことにより、育児休業が終了したが、その期間が終了する日までに、新たな育児休業または出生時育児休業に係る子のすべてが以下のいずれかに該当するに至ったとき

(a)死亡したとき

(b)養子となったことその他の事情により労働者と同居しなくなったとき

(c)特別養子縁組が成立しなかったときまたは養子縁組が成立しないまま養子縁組里親に係る委託措置が解除されたとき

③介護休業期間が始まったことにより、育児休業が終了したが、その期間が終了する日までに、介護休業に係る対象家族が死亡するに至ったとき、または離婚、婚姻の取り消し、離縁等により対象家族との親族関係が消滅するに至ったとき

⑶育児休業の「延長」の要件

　1歳到達日後の期間について育児休業を「延長」することができる要件は、以下の①～③のいずれにも該当する場合です。今回の改正により③が追加されたことで、1歳到達日後の期間の育児休業は、特別の事情がある場合を除き、再取得は認められないことが明確化されました。

①労働者またはその配偶者が、子の1歳到達日において育児休業をしている場合

②子の1歳到達日後の期間について休業することが「雇用の継続のために特に必要と認められる場合」として、下記⑷の①～③のいずれかの場合

③子の1歳到達日後の期間において、1歳到達日後の期間に係る育児休業をしたことがない場合

⑷雇用の継続のために特に必要と認められる場合

　子の1歳到達日後の期間について休業することが「雇用の継続のために特に必要と認められる場合」とは、以下の①～③のいずれかに該当する場合です。

①1歳到達日後の期間について、保育所等への入所を希望し、申し込みを行っているが、当面その実施が行われない場合

②常態として子の養育を行っている配偶者であって当該子の1歳到達日後の期間について常態として当該子の養育を行う予定であったものが次のいずれかに該当した場合

　⒜死亡したとき

　⒝負傷、疾病または身体上もしくは精神上の障害により子を養育することが困難な状態になったとき

　⒞婚姻の解消その他の事情により常態として子の養育を行っている配偶者が子と同居しないこととなったとき

　⒟6週間（多胎妊娠の場合にあっては、14週間）以内に出産する予定であるかまたは産後8週間を経過しないとき

図表12 1歳到達日後の育児休業の申し出

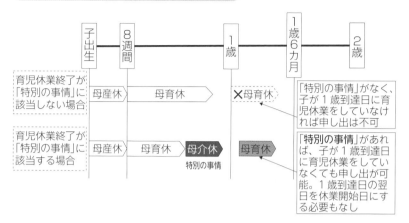

③ 1歳到達日後または1歳6カ月到達日後の育児休業における「特別の事情（今回改正により追加された前記(2)①～③)」がある場合

また、今回の改正で、1歳到達日後の期間において「特別の事情」がある場合については、前記(3)②の「雇用の継続のために特に必要と認められる場合」という要件に該当する場合のみ育児休業の取得が可能とされました。すなわち、その場合は、前記(3)①「労働者またはその配偶者が、子の1歳到達日において育児休業をしている場合」および③「子の1歳到達日後の期間において、1歳到達日後の期間に係る育児休業をしたことがない場合」は要件とされません[図表12]。

1歳到達日後または1歳6カ月到達日後の育児休業の申し出が撤回された場合については、特別の事情がない限り再度の申し出はできないこととされています。

 発展 ⋯⋯⋯⋯⋯⋯⋯⋯⋯⋯⋯⋯⋯⋯⋯⋯⋯⋯⋯⋯⋯⋯⋯⋯⋯⋯⋯⋯⋯⋯⋯●

「1歳到達日までの期間内」については、2回の育児休業をした場合、3回目以降の育児休業の申し出をすることができないものと

されていますが、特別の事情がある場合には再度の申し出をすることができます（育介法5条2項、育介則5条）。

　その場合の特別の事情については、前記 **解説** (2)に記載のとおりです。1歳到達日までの期間内に、3回目以降の育児休業の申し出ができるとされる「特別の事情」は、1歳到達日後の再度の申し出ができる「特別の事情」とは異なりますので注意が必要です（[1] **解説** (5)の「特別の事情」①〜⑧と [2] **解説** (2)の「特別の事情」①〜③を比較のこと）。

　1歳到達日後の期間において、育児休業の終了が特別の事情である場合には、「1歳到達日において育児休業をしている場合」でなくても、1歳到達日後の育児休業の取得は可能です。また、特別の事情による育児休業の終了が1歳到達日前であっても1歳到達日後であっても、1歳到達日後の期間における取得は認められることになります。

Q&A

Q1：「特別の事情」に当てはまらない場合の再取得
　「特別の事情」に当てはまらなくても、1歳到達日後の育児休業の再取得を認めてもよいでしょうか。

A1： 1歳到達日後の育児休業の再取得について、「特別の事情」に該当しなくても認めることは、法を上回る措置であるため問題はありません。ただし、法に定める育児休業には該当しないため、育児休業給付金は支給されません。

Q2：保育所等に入所ができず育児休業を延長する場合
　保育所等に入所ができず育児休業を延長する場合には、分

割取得となりますか。

A2：保育所等に入所ができず 1 歳到達日後に育児休業を延長した場合の育児休業は、 1 歳到達日前の育児休業の分割取得とは別に育児休業を取得することとなります。

[3] 1 歳到達日後の育児休業の取得時期の柔軟化 （育介法 5 条 6 項 1 号・2 号）

改正のポイント

　1 歳到達日後（延長期間中）の育児休業の取得時期の柔軟化がなされ、育児休業の取得時期として「配偶者の育児休業終了予定日の翌日以前の日」を選択できることとなりました。

改正前 | **1 歳到達日後の育児休業についての開始日は、子の 1 歳到達日[※]の翌日または 1 歳 6 カ月到達日の翌日のみ可能**

※「パパ・ママ育休プラス」取得の場合は、1 歳 2 カ月到達日等、労働者または配偶者の育児休業終了予定日（以下同じ）。

改正後 | **1 歳到達日後の育児休業の開始日として、以下のいずれかを認める。**

①子の 1 歳到達日の翌日または 1 歳 6 カ月到達日の翌日

②配偶者が子の 1 歳到達日の翌日または 1 歳 6 カ月到達日の翌日から育児休業をしている場合には、配偶者の育児休業終了予定日の翌日以前の日

解説 ┄┄┄┄┄┄┄┄┄┄┄┄┄┄┄┄┄┄┄┄┄┄┄┄┄┄┄┄┄┄┄┄┄┄┄┄┄┄●

　改正前は、子の1歳到達日後の育児休業開始日は、子の1歳到達日の翌日または1歳6カ月到達日の翌日とされていましたが、既に述べたように、改正により、特別の事情がある場合には開始予定日の例外が認められることとなりました。また、今回の改正では、これに加え、開始予定日に「配偶者が子の1歳到達日の翌日または1歳6カ月到達日の翌日から育児休業をする場合においては、配偶者の育児休業終了予定日の翌日以前の日」が設けられ、特別の事情がなくても、子の1歳到達日後の育児休業延長期間の途中での父母の育児休業の交代が可能となりました［図表13］。

実務 ポイント ┄┄┄┄┄┄┄┄┄┄┄┄┄┄┄┄┄┄┄┄┄┄┄┄┄┄┄┄┄┄┄●

　1歳到達日後の育児休業の開始日が、1歳到達日の翌日または1歳6カ月到達日の翌日以外にも発生することとなるため、育児休業の申し出の時期について、明確に周知しておく必要があります。

図表13　1歳到達日後の育児休業の取得時期の柔軟化

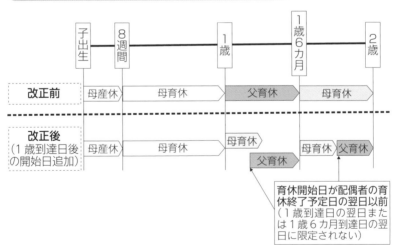

　育児休業申し出時期を整理すると、[図表14] のとおりとなります。

図表14　育児休業の申し出の三つの時期

育児休業の申し出は1カ月前・2週間前・1週間前

①1歳までの育児休業		1カ月前
②1歳から1歳6カ月までの育児休業・1歳6カ月から2歳までの育児休業	原則	2週間前
③以下の「特別の事情」がある場合 　(a)出産予定日前に子が出生 　(b)配偶者が死亡 　(c)配偶者が負傷・疾病等で養育困難 　(d)婚姻の解消等で配偶者が子と同居せず 　(e)子の負傷・疾病等により2週間以上の期間にわたり世話が必要 　(f)保育所等への入所を希望し申し込むも入所できない		1週間前
④　出生時育児休業の場合	原則	2週間前
	労使協定を締結し、雇用環境整備に関する措置等を実施する場合	1カ月前

Q：1歳到達日後の育児休業の開始日

　　1歳到達日後の育児休業の開始日を、配偶者の育児休業終了日より後とすることはできますか。

A：1歳到達日後の育児休業の開始日は、以下のいずれかに限られるため、配偶者の育児休業終了日より後とすることは認められません。

①子の1歳到達日の翌日または1歳6カ月到達日の翌日

②配偶者が子の1歳到達日の翌日または1歳6カ月到達日の翌日から育児休業をする場合においては、配偶者の育児休業終了予定日の翌日以前の日

[4] 育児休業の申し出事項の追加（育介則7条）

改正のポイント

　改正により、育児休業の申し出事項に、既にした育児休業申し出がある場合の育児休業期間等が追加されました。

 規定なし

育児休業申し出について追加される事項は、以下の①～③のとおり。

①育児休業申し出に係る子について、既にした育児休業申し出がある場合の育児休業期間

②育児休業申し出に係る子について、既にした育児休業の申し出の撤回がある場合にあっては、その旨

③1歳到達日後の育児休業の再取得の事由である「特別の事情」がある場合にあっては、当該事情に係る事実

解説

⑴育児休業の申し出事項

　従来、育児休業の申し出事項は、施行規則に以下のとおり定められていましたが、今回の改正により、育児休業の分割取得が可能となったため、新たに上記 **改正後** の①～③が追加されました。

⒜申し出の年月日

⒝申し出をする労働者の氏名

⒞申し出に係る子の氏名、生年月日および労働者との続柄等（子が出生していない場合は、出産予定者の氏名、出産予定日および労

働者との続柄※）

(d)休業開始予定日および休業終了予定日

(e)申し出に係る子以外に1歳未満の子を有する場合には、その子の氏名、生年月日および当該労働者との続柄※

(f)申し出に係る子が養子である場合には、養子縁組の効力が生じた日

(g)再取得の事由である特別の事情がある場合にあっては、当該事情に係る事実

(h)1歳到達日後の育児休業の申し出をする場合にあっては、雇用の継続のために特に必要と認められる場合に該当する事実

(i)配偶者が育児休業申し出に係る子の1歳到達日または1歳6カ月到達日において育児休業をしている労働者が、1歳到達日後の育児休業の申し出をする場合にあっては、その事実

(j)出産予定日前に子が出生したこと等の事由が生じた場合にあっては、当該事由に係る事実

(k)育児休業の申し出撤回後の育児休業の申し出に係る特別の事情がある場合にあっては、当該事情に係る事実

(l)パパ・ママ育休プラスの特例により1歳到達日の翌日以後の日に育児休業をする場合には、労働者の育児休業の開始予定日が、配偶者がしている育児休業期間の初日以後である事実

※(c)と(e)については、特別養子縁組の成立について家庭裁判所に請求した場合等には、一定のその事実を事業主に申し出ることが必要。

(2)育児休業の申し出方法

育児休業の申し出方法については、❶書面提出、❷ファクシミリの送信、または❸電子メール等の送信（❷または❸の方法は、事業主が適当と認める場合に限る）により行います。

なお、❸電子メール等の送信については、労働者および事業主が出力により書面を作成することができるものに限るとされています。

　育児休業申出書の申し出事項への追加が必要となります。育児休業の分割取得が可能になったことに合わせた記載の追加であり、「既にした育児休業の申し出」および「既にした育児休業の申し出の撤回」を管理することになります。

[5] 出生時育児休業（産後パパ育休）の新設（育介法9条の2〜9条の5）

改正のポイント

　男性の育児休業取得促進の施策として、「出生時育児休業（産後パパ育休）」が新設されます。子の出生後8週間以内に、通算4週間を限度として2回に分割して取得することが可能です。

改正前　規定なし

改正後
・通常の育児休業とは別に取得できる育児休業（以下、出生時育児休業）を新設
・子の出生の日から8週間以内に、最大2回に分割して通算4週間を限度として取得可能
・労使協定の締結等、要件を満たせば休業期間中に就業ができる

解説

(1)概要

　出生時育児休業制度は、[図表15]のとおり、子の出生の日から8週間以内に、最大2回に分割して通算4週間（計28日まで）を

図表 15　出生時育児休業制度の概要

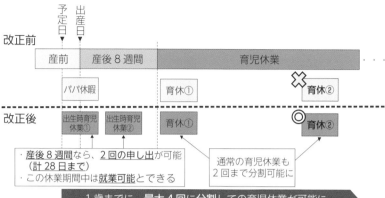

限度として取得可能な新たな育児休業です。出生時育児休業は「産
後パパ育休」とも呼ばれ、産後休業期間中の男性の育児休業取得を
想定した制度です（本制度は、特別養子縁組の場合などでは女性が
取得することもできますが、件数としては限定的と思われるため、
制度利用の中心となるのは男性と想定されます）。

　改正前は、産後休業期間中の育児休業として、いわゆる「パパ休
暇」がありました。これは通常1回限りとされている育児休業の例
外であり、産後8週間以内に休業を開始、終了することで、再度育
児休業を申し出ることができる制度として利用されていました。

　前述のとおり、改正後の育児休業は分割して取得できることとな
り、さらに出生時育児休業の新設により、通常の育児休業とは別に
子の出生後8週間以内に最大4週間の育児休業を分割取得できるこ
ととなります。パパ休暇は廃止になりますが、一層柔軟な休業取得
が可能となります［図表16］。

図表16　通常の育児休業との比較

	出生時育児休業	通常の育児休業
期間 取得可能日数	予定日または出生日から8週間以内で最大4週間（28日） 2回まで分割可能	子が1歳まで （特別な事情で最大2歳まで） 2回まで分割可能
申し出期限	原則2週間前まで（労使協定により1カ月）	原則1カ月前まで
休業中の就業可否	事前の協定締結と本人の申し出により可	原則不可
休業開始・終了予定日の変更／撤回	終了日の繰り下げは2週間前までに行う。それ以外は、右欄と同様	●休業開始・終了予定日の変更 　開始日の繰り上げ： 　　1週間前までに申し出で1回に限り可（一定の事由※の場合） 　終了日の繰り下げ： 　　1カ月前までに申し出で1回に限り可（事由問わず） ●撤回 　撤回に係る申し出については休業したものと見なす

※「一定の事由」とは
　①出産予定日前に子が出生したこと
　②配偶者の死亡
　③配偶者が負傷または疾病により対象となる子を養育することが困難となったこと
　④配偶者が育児休業申し出に係る子と同居しなくなったこと
　⑤子が負傷、疾病または身体上もしくは精神上の障害により2週間以上の期間にわたり世話を必要とする状態になったとき
　⑥子について保育所等における保育の利用を希望し、申し込みを行っているが、当面その実施が行われないとき

(2)申し出

　出生時育児休業の取得には、子の出生の日から起算して8週間を経過する日の翌日までの期間内に、休業開始予定日と終了予定日を明らかにして通算4週間以内の期間を定めて申し出をする必要があります（育介法9条の2）

　出生時育児休業の取得可能期間とされている「子の出生の日から

起算して8週間を経過する日の翌日」とは、例えば、出生日が4月1日の場合は、5月27日（5月26日が「8週間を経過する日」のためその翌日）となります。

なお、[図表17]のように「子の出生の日から起算して8週間」とは、出産予定日に対して出産日が早まった場合や遅くなった場合であり、それぞれ以下の期間を指します。

①出産予定日「前」に子が出生した場合

　⇒出生の日から、出産予定日から起算して8週間を経過する日の翌日まで

　　例）出産予定日が4月1日で、3月25日に出生した場合、出生時育児休業の対象期間は3月25日〜5月27日

②出産予定日「後」に子が出生した場合

　⇒出産予定日から、出生の日から起算して8週間を経過する日の翌日まで

　　例）出産予定日が4月1日で、4月8日に出生した場合、出生時育児休業の対象期間は4月1日〜6月3日

図表17　出生時育児休業取得期間イメージ

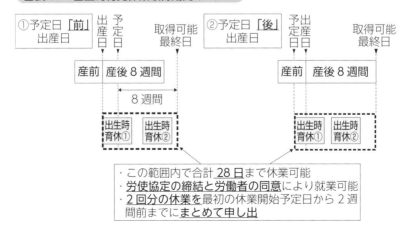

⒜通算4週間

「通算4週間」とは、暦日計算により28日間を意味します。なお、「育児目的休暇」（育介法24条）の制度を設けている場合は、取得日数以外の要件を満たす限り当該休暇の日数を含めて4週間が確保されていればよいこととされています。言い換えると、28日から育児目的休暇として取得できる日数を除いた期間を出生時育児休業として取得できる制度を設ければ足りることになります（育介法9条の2第1項、育介通達）。→　**発展** ⑶を参照

⒝分割取得

同一の子について2回までであれば、通算28日の範囲で分割して取得することができます。ただし、対象となる子が双子等複数の場合でも28日までの取得となるため、注意が必要です（育介法9条の2第2項2号、育介通達）。

⒞申し出期限

休業は休業開始予定日の2週間前までに申し出をすることとされています（労使協定により1カ月前までとすることが可能）。

休業開始予定日まで2週間未満の時期に申し出があった場合は、会社は申し出があった日の翌日から起算して2週間を経過する日までの間で、開始予定日を指定することが可能です（育介法9条の3第3項）。

分割して取得する場合は1回目の休業を申し出る時に、2回目の休業開始予定日および終了予定日を併せて申し出ることとされています（育介通達）。対象者が1回目の申し出時に2回目の取得について申し出なかった場合、後日、別途2回目の申し出を行っても事業主はこれを拒否することが可能です（育介法9条の3第1項）。なお、事業主はこれを拒まないとすることも可能です。→　**発展** ⑷を参照

⒟休業開始・終了予定日の変更および申し出の撤回

休業開始・終了予定日の変更および休業申し出の撤回については、

通常の育児休業の規定を準用する（同様の扱いをする）こととされています（育介法9条の4）。

　したがって、変更に関しては「開始予定日の繰り上げ（特別な事由がある場合、1回まで）」「終了予定日の繰り下げ（事由問わず、1回まで）」を認めればよいこととなり、撤回の申し出があった場合は、当該申し出に係る休業を取得したものとして扱うことができます。

　ただ、女性の出産時に男性が取得する場合が多いと考えられる出生時育児休業は、出産日に合わせて休業開始予定日を決定することが多いと考えられるため、通常の育児休業よりも開始予定日の変更ニーズは高いと考えられます。→ **実務**　**ポイント** (2)を参照

(3)休業中の就業

　出生時育児休業期間は労使協定を締結することにより、対象者の希望に応じて就業させることができます（育介法9条の5第2項）。

　休業中の就業に関する制度を構築する際は、以下の点に注意する必要があります。

・事前に労使協定の締結が必要であること
・本人が就業を希望していること
・適切なフロー（後述）で就業予定日を決定する必要があること

---

①労使協定での締結事項

　労使協定で締結しなければならない事項は、明確に定められていませんが、法律条文の内容から、就業を希望することができる対象者を限定することは可能と考えられます（育介法9条の5第2項）。

　具体的な規定内容としては、本人の希望があることを前提とした上で、例えば、以下のような内容が考えられます。

・育児休業中に就業を希望していること
・（育児のための休業中であることを鑑み）在宅勤務環境があること
・現業部門または接客、窓口業務等、出勤の必要性の高い業務に従事していないこと

　対象範囲を限定することは不平等を感じるところもありますが、原則は休業期間中の就業は不可という前提に立てば、本人の希望があり、特定の業務内容で必要性が高い者だけを対象にするという説明はできると思われます。

　なお、対象者を限定するに当たって、雇用区分（正社員、契約社員、アルバイト等）での差異を設けることは、パートタイム・有期雇用労働法に規定する期間雇用者と正社員の不合理な待遇差の禁止という観点から、望ましいものではないと考えられますのでご注意ください。

②就業予定日の決定までのフロー

　対象者が就業を希望する場合、以下のような流れで就業日を決定します（育介法9条の5第2項・4項）。

①対象者が就業可能日、時間帯、その他の労働条件[1]を申し出る

②事業主が①の申し出の範囲内[2]で就業させることを希望する日（就業させることを希望しない場合はその旨）、時間帯、その他の労働条件を提示する

③対象者が②の提示内容に同意するかを判断する。同意すれば、就業予定日が確定

④事業主が確定した就業予定日を通知

[1]　その他の労働条件
　例えば、就業の場所（テレワークの可否を含む）に関する事項等が考えられます。

[2]　申し出の範囲内
　休業期間中の所定労働日・所定労働時間の半分までとし、かつ休業開始日と休業終了日に就業する場合は当該日の所定労働時間未満の時間数とする必要があります。　→ 発展 (6)を参照

③就業可能日の変更や撤回

　休業期間中の就業を希望する対象者が就業日の変更や撤回を希望する場合、出生時育児休業開始予定日の前日（出生時育児休業が始

まる前）までの期間であれば、事由を問わず当該同意の全部または一部を撤回することができます（育介法９条の５第３項・５項）。

 発展 ....•

⑴出生時育児休業の対象者から除外される者

　出生時育児休業の申し出対象者から除外される者は、［図表18］のとおりです（育介法９条の３第２項）。法令により除外されるケースのほか、労使協定があれば対象から除外することができるケースがあります。

　出生時育児休業に関しても対象者を制限したい場合は、労使協定に追記・再締結が必要になります。

　なお、前述のように法令を根拠とした、有期雇用労働者で入社１年未満の者についての適用除外は、令和４年４月１日施行法の改正により削除となります。出生時育児休業制度の開始は同年10月１日からなので、適用除外対象者を施行日に合わせてしっかり管理す

図表18　出生時育児休業の対象者から除外される者（通常の育児休業との比較）

除外の根拠	出生時育児休業	通常の育児休業
法令	●有期雇用労働者のみ ・申し出の日から8週間を経過する日の翌日から6カ月以内に雇用が終了することが明らかな者	●有期雇用労働者のみ ・対象となる子が1歳6カ月以内※に雇用が終了することが明らかな者（入社1年未満の者は、令和4年4月1日施行法改正により削除）
労使協定	●正社員（無期雇用）含む ・入社1年未満の者 ・申し出の日から8週間以内に雇用が終了することが明らかな者 ・所定労働日が週2日以下の者	●正社員（無期雇用）含む ・入社1年未満の者 ・申し出の日から1年以内に雇用が終了することが明らかな者 ・所定労働日が週2日以下の者

※1歳6カ月から2歳までの育児休業の申し出については、2歳。

るとともに、労使協定の再締結時期を逃さないように注意しましょう。

⑵交替勤務者の日数計算

出生時育児休業は合計28日まで取得可能ですが、交替制勤務などで一勤務が2暦日にわたる場合については、休暇取得当日の労務提供開始時刻から継続24時間を1労働日として取り扱うこととされています（育介通達）[図表19]。

⑶育児目的休暇の日数を充当

各企業において「育児目的のための休暇（配偶者出産休暇、育児目的の失効年休の積立保存制度※など）」を独自に設けている場合は、出生時育児休業の取得日数以外の要件を満たすものであれば、当該休暇の日数も含めて4週間が確保されればよいものとされています。

複数日休暇を取得する場合には、期間中に所定休日を含む場合があります（金曜日と翌週の月曜日に休暇を取得する場合等）。この

図表19　4週間（28日間）の計算

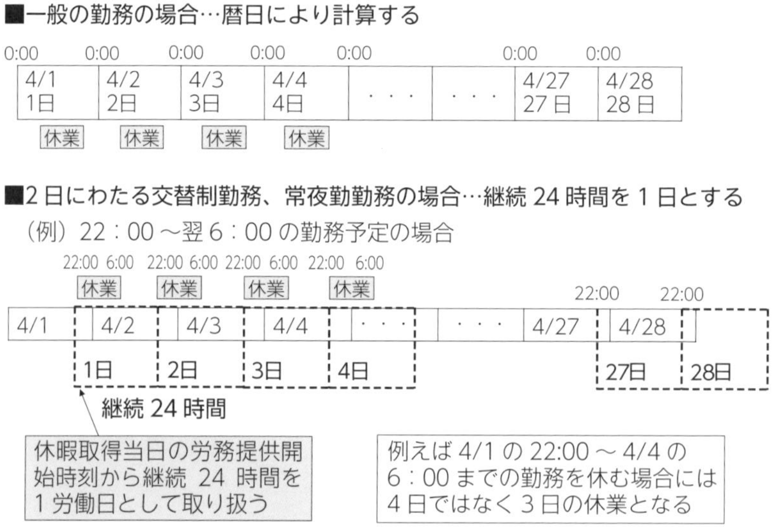
■一般の勤務の場合…暦日により計算する
0:00 0:00 0:00 0:00 0:00 0:00 0:00
4/1 1日
4/2 2日
4/3 3日
4/4 4日
・・・
・・・
4/27 27日
4/28 28日
休業 休業 休業 休業
■2日にわたる交替制勤務、常夜勤勤務の場合…継続24時間を1日とする
（例）22：00～翌6：00の勤務予定の場合
22:00 6:00 22:00 6:00 22:00 6:00 22:00 6:00
休業 休業 休業 休業
22:00 22:00
4/1
4/2
4/3
4/4
・・・
・・・
4/27
4/28
1日 2日 3日 4日
27日 28日
継続24時間
休暇取得当日の労務提供開始時刻から継続 24 時間を1労働日として取り扱う
例えば4/1の22:00～4/4の6：00までの勤務を休む場合には4日ではなく3日の休業となる

場合は、所定休日の部分も含めて出生時育児休業の要件（休日労働が命じられないなど労務提供義務が免除されること等）を満たすことを就業規則等で担保すれば、所定休日を含めて28日に含めてよいものとされます。

　ただ、このような場合、休暇取得可能日数が4週間に満たない場合の日数や分割回数の算定方法等、当該企業における当該既存の休暇と出生時育児休業の関係を、就業規則等の規定上明確にしておくことが必要です。人によって出生時育児休業としての取得日数がバラつくことになるため、もし実施する場合は、出生時育児休業の法令上の要件を下回ることがないように十分注意が必要です。

※失効年休の積立保存制度：時効により消滅した年次有給休暇の日数を保存し、一定の事由が生じた場合に休暇として利用できる任意的な制度

(4)申し出期限に係る労使協定

　出生時育児休業は2週間前に申し出をすることが原則とされていますが、労使協定を締結し、雇用環境整備等に関する措置を実施することにより、申し出期限を最大1カ月前までとすることができます（育介法9条の3第4項）。

　事業運営上、育児休業の申し出から休業開始予定日までに時間的な猶予が必要と思われる場合などに有効に働くと考えられます。「雇用環境整備等に関する措置」は、以下の①〜③のすべてを実施する必要があります（育介則21条の7）。

①次に掲げる措置のうち、2以上の措置を講ずる。
　(a)育児休業に係る研修の実施
　(b)育児休業に関する相談体制の整備
　(c)育児休業の取得に関する事例の収集および当該事例の提供
　(d)育児休業に関する制度および育児休業の取得の促進に関する方針の周知
　(e)育児休業申し出をした労働者の育児休業の取得が円滑に行わ

> 　れるようにするための業務の配分または人員の配置に係る必
> 　要な措置
> ②育児休業の取得に関する定量的な目標を設定し、育児休業の取
> 　得の促進に関する方針を周知する。
> ③育児休業申し出に係る当該労働者の意向を確認するための措置
> 　を講じた上で、その意向を把握するための取り組みを行う。

　この措置の内容は、前述の令和4年4月1日施行の内容に一部追加されたものとなっている（内容が重複している）ため、対応に当たっては注意が必要です。また、具体的な労使協定の内容や各項目の詳細な解説は、第3章の「出生時育児休業に関する労使協定の例」をご確認ください。

⑸出生時育児休業の申し出事項

　出生時育児休業の取得に当たっては、以下①〜⑦の内容を申し出なければならないこととされています（育介則21条の2第1項）。

　言い換えると、社内で用いる「出生時育児休業申出書」には、以下の内容が網羅されている必要があるということになりますので、規程内容や社内書式の見直し、作成の際に法定事項の漏れがないように十分ご確認ください。

①申し出の年月日

②労働者の氏名

③対象となる子の氏名・生年月日・続柄

④休業期間（開始予定日・終了予定日）

　※2回に分割して申し出る場合は、両方の期間を記載する

⑤対象となる子以外に産後8週間を経過しない子がいる場合（双子等）、その子の氏名・生年月日・続柄

⑥養子である場合、養子縁組の効力が生じた日

⑦出産予定日前に子が出生したこと等の事由が生じた場合、その事実

⑹出生時育児休業中の就業に関する労使協定の内容（追加規定）

　出生時育児休業中の就業は労使協定の締結が前提となりますが、その内容に関しては法令上の規定がありません。ただ、就業可能日数や就業可能時間数に関しては、省令により定められた上限があるため、労使協定および社内規程にはこの内容も併せて規定しておくことが適当と考えられます。これにより、本人の希望と会社の提示する日数等のギャップを避けることができるでしょう。

　就業可能日数および就業可能時間数その他の条件は、以下①〜③の内容です。詳細な解説は、第3章の「出生時育児休業に関する労使協定の例」をご確認ください。

①就業日数の合計は、出生時育児休業期間の所定労働日数の2分の1以下とする。ただし、1日未満の端数があるときは、これを切り捨てた日数とする。

②就業日における労働時間の合計は、出生時育児休業期間における所定労働時間の合計の2分の1以下とする。

③出生時育児休業開始予定日とされた日または出生時育児休業終了予定日とされた日を就業日とする場合は、当該日の所定労働時間数に満たない労働時間とすること。

⑺法律を上回る措置

　会社によっては、既に「育児休業を小学校就学までの期間に3回まで申し出ることができる」などの法律を上回る措置を規定している場合があります。出生時育児休業の休業期間もこのような規定でカバーされている場合がありますが、法律上の最低限の基準をすべて網羅できているかは十分確認が必要です。

　例えば、前述のように「全期間を通じて3回まで」と限定されていると、出生時育児休業期間で2回分割、通常の育児休業期間で2回分割という法律上の要件を満たすことができない状況が発生します。

　この場合は、「なお、産後8週間を経過した日の翌日（本条文で、「該

当日」という）までに休業を取得した場合は、当該休業の取得にかかわらず該当日の翌日から1歳までの期間で、少なくとも2回以上の申し出ができるものとする。」等の文言を規定上に追加しておく必要があります。

　本改正では育児休業の取得回数に大きな変更がありましたので、規定を調整する際は法令上の要件が網羅されているかに十分ご注意ください。

実務 ポイント ………………………………………………………………●

(1)取得時期に関する具体的検討

　新たにできた制度について社内周知する場合は、具体的な取得事例の紹介を行うと効果的です。出生時育児休業の具体的な取得事例として、以下の「出産入院時と里帰り出産解消時」のようなケースが考えられます。

「出産入院時と里帰り出産解消時」

　出産の際には1週間程度の入院を要するため、第2子の出産時に、第1子がまだ幼い場合などでは、出産直後の男性の育児休業取得は非常に重要となります。また、里帰り出産から自宅に戻る際などでは、長時間の移動が必要となる場合も想定され、出産直後は身の回りの準備に必要な物を買い揃えるための時間を要することも多いため、入院時とは別に、産後休業期間中に出産直後の女性と協力して対応する必要性は高いといえます。

　このように出生時育児休業は、長期間の休業が取得できなくても、男性が休業を取得する必要性の高い出産直後に、柔軟に休業するための仕組みとなっているため、制度の効果的な利用を促進するような検討を進めるとよいでしょう。

(2)申し出期限および期間の変更に関する厳格な管理は必要か

　出生時育児休業は2週間前に申し出をすることとされており、休業開始予定日の繰り上げは1週間前まで、休業終了予定日の繰り下

げは2週間前までには申し出なければならないこととされています
（**解説** (2)(d)と［図表16］を参照）。

　ただ、これを厳格に管理しようとすると、以下のような事象が発
生します。

例1：出産予定日から休業を取得する予定だったが、突然出産日
　　　が前倒しになった。
　　→法令上は、休業開始予定日の繰り上げ事由には該当するが、
　　　休業開始予定日の1週間前までに申し出ができないため、会
　　　社は出産日からの休業を認めず、1週間後からの休業を命じ
　　　ることができる

例2：休業終了予定日前日となったが、子の体調が優れないため、
　　　あと数日休業を延長したいと希望した。
　　→法令上は、休業終了予定日の繰り下げに一定の事由は求めら
　　　れていないが、2週間前の申し出ができなかったため、復職
　　　せざるを得なくなった

例3：出産予定日から（配偶者の入院に合わせて）休業を取得す
　　　る予定だったが、予定日当日も出産とならなかった。
　　→休業開始予定日を繰り下げたいが、法令上は休業開始予定日
　　　を繰り下げる措置は認められていないため、会社は予定日か
　　　らの休業開始を命じることができる

　上記の三つの例は、出産日や乳児の体調などが予測できないもの
であるため起こり得ることですが、法令上の申し出期限や期間の変
更に関するルールを厳格に運用すると非常に対応が難しいもので
す。もちろん法令どおりの運用としても問題はありませんが、業務
上大きな支障がない場合に関しては、ある程度柔軟な対応とする判

断も考えられます。

　なお、例3の休業開始予定日の繰り下げに関しては、終了予定日の繰り上げと同様で、法令上これを認める規定はありません。例1、2のように申し出期限が守れないという問題とは異なるため、柔軟な判断をする場合は、他の対象者への影響も含めてご検討ください。

⑶「29日以上」の休業を希望する場合の検討

　出生時育児休業は分割の有無にかかわらず、28日以内の範囲で申し出をすることとされています。当初から29日以上の休業を希望する場合は、通常の育児休業を申し出るか、出生時育児休業に連続して通常の育児休業を申し出る必要があります。

　通常の育児休業は原則1カ月前に申し出をする必要があることと、出生時育児休業と異なり、休業中の就業は原則として認められないという点には注意する必要があります。

　また、前述の休業終了予定日の繰り下げは、事由を問わず申し出をすることが可能ですが、28日を超えることはできませんので、この場合も連続して通常の育児休業を申し出る必要があります。

⑷休業中の就業に関する同意等の確認方法

　前述の出生時育児休業中の就業に関する申し出、提示、同意、通知は、以下の方法により行うことが認められていますが、②③については対象者が希望した場合に限ることとされています（育介則21条の15・21条の16）。

①書面を提示・交付する方法

②ファクシミリを利用して送信する方法

③電子メール等の送信の方法（労働者および事業主が当該電子メール等の記録を出力することにより書面を作成することができるものに限る）

　実務的には、テレワークの進展もあるため、書面を交付するよりもメール等のほか、SNS、ビジネスチャット、ウェブアンケートフォー

ムなどを利用して、双方向で通知・発信が可能な媒体を用いて実施することが効率的であると考えられます。→ 解説 (3)②を参照

⑸休業中の就業と育児休業給付金との関係

本改正に併せて雇用保険法の改正もなされ、出生時育児休業に対しては、「出生時育児休業給付金」が支給されることとなります。後述するとおり、出生時育児休業給付金は通常の育児休業給付金とは異なる取り扱いとなる上、就業日数に関する要件も通常の育児休業期間中の「一時的、臨時的」な就業に関する基準とは異なりますので、注意が必要です。

Q1：既にある育児目的休暇と出生時育児休業

既に育児目的のための休暇を設けている場合、この日数に加えて、4週間の取得日数を確保する必要がありますか。

A1：取得日数以外の出生時育児休業の要件を網羅する休暇制度である場合に限り、ご質問の育児目的休暇を出生時育児休業の4週間に含めることができます。

なお、育児目的休暇には育児を目的とした失効年休の積立保存制度も含まれることや、多くの場合は有給の休暇制度であるため出生時育児休業給付金は支給されないことについて、ご注意ください。詳細な解説は 発展 (3)をご確認ください。

Q2：申し出期限

業務の調整を行う必要があるため、申し出期限を「原則2カ月前」などとすることは可能ですか。

A2：出生時育児休業の申し出期限は原則として、2週間前までの申し出とすることとされているため、法令上の規定よりも長い申し出期限を設定することはできません。

逆に申し出期限を短く設定することは、対象者の柔軟な制度利用に資するため問題ないものと解されます。

なお、一定の雇用環境整備の措置等を行うことで、原則2週間前までとする申し出期限を最大1カ月前まで延長することが可能とされています。詳細な解説は 発展 (4)をご確認ください。

Q3：休業開始予定日の変更

出生日が出産予定日より遅れた場合、既になされた育児休業の申し出について、変更することは可能ですか。

A3：出生時育児休業は一定の事由があれば「休業開始予定日の<u>繰り上げ</u>変更（休業を早く開始すること）」が認められていますが、「休業開始予定日の<u>繰り下げ</u>変更（休業の開始を遅らせること）」は認められていません。

したがって、当初の申し出のとおり育児休業を開始するか、申し出を撤回するといった方法を取るしかありません。とはいえ、出産予定日をベースに取得時期が決定する可能性の高い出生時育児休業において、休業日の変更に関する申し出は相当数発生すると考えられます。事業運営上問題ないと考えられる場合は、繰り下げを認めるという判断をしても対象者の柔軟な取得に資するという点で問題ないものと考えられます。詳細な解説は 実務 ポイント (2)をご確認ください。

Q4：休業中の就業が認められる場合

休業中の就業は、どのような場合に認められますか。就業可能な日数に制限はありますか。

A4：休業中の就業は以下の要素を満たした場合に認められます。

・事前に労使協定を締結していること

・本人が就業を希望していること
・適切なフローで就業予定日を決定していること
　また、就業可能な日数については、下記を上限として会社が就業候補日および時間帯等を提示しなければならないこととされています。
・就業日数の合計は、出生時育児休業期間の所定労働日数の2分の1以下とする。ただし、1日未満の端数があるときは、これを切り捨てた日数とする。
・就業日における労働時間の合計は、出生時育児休業期間における所定労働時間の合計の2分の1以下とする。
・出生時育児休業開始予定日とされた日または出生時育児休業終了予定日とされた日を就業日とする場合は、当該日の所定労働時間数に満たない労働時間とすること。
　詳細な解説は **解説** (3)、**発展** (6)および第3章の「出生時育児休業に関する労使協定の例」をご確認ください。

Q5：休業中の就業に関する労働者との合意

　休業中の就業について、労働者と合意する場合は、書面で行わなければなりませんか。

A5：必ずしも書面である必要はなく、以下のような方法を用いることができます。
①書面を提示・交付する方法
②ファクシミリを利用して送信する方法
③電子メール等の送信の方法（労働者および事業主が当該電子メール等の記録を出力することにより書面を作成することができるものに限る）
　②③については対象者が希望した場合に限ることとされています。詳細な解説は **実務ポイント** (4)をご確認ください。

[6] 令和4年10月1日施行改正に関する経過措置
（育介法：令和3年改正法附則4条）

 改正のポイント

　出生日が令和4年10月1日（以下、この［6］では「施行日」という）前である場合は、法附則に規定される経過措置が適用になる場合があります。既に取得済みのパパ休暇や育児休業の状況、子の年齢・月齢によって施行日後に取得できる休業が異なりますので、施行日前後は注意が必要です。

改正前　規定なし

⬇

改正後
・改正前に「パパ休暇」を取得していた場合、施行日後、この休業は出生時育児休業とみなされる
・施行日後は「パパ休暇」の取得を申し出ることはできない

 解説 ⋯⋯⋯⋯⋯⋯⋯⋯⋯⋯⋯⋯⋯⋯⋯⋯⋯⋯⋯⋯⋯⋯⋯⋯⋯⋯⋯⋯⋯•

⑴概要

　施行日前に取得したパパ休暇は、施行日後は出生時育児休業として扱われます。ただし、取得期間や出産日等により、復職後に2回目の出生時育児休業を取得することができるのかや、育児休業の取得となるのかが異なるため、パターンごとに整理しておく必要があります。

　また、育児休業の分割取得や1歳到達後の育児休業の取得に関しても、施行日前後の取得の取り扱いを整理しておくと有用であるため、本書ではパパ休暇の場合と併せて解説します。

⑵施行日時点で復職済みの場合

　[図表 20] のとおり、施行日の時点で全く休業していない場合も含めると、以下のいずれの取得も可能です。

①出生時育児休業の取得

②育児休業の分割取得

③１歳到達日後の育児休業

　特に②③については既に出生日から相当時間が経過していても対象になる場合がありますので、注意が必要です。

①出生時育児休業の取得が可能な場合

　施行日時点で産後８週間を経過しておらず、かつパパ休暇を取得していないか、取得した期間が 28 日未満であった場合に、出生時育児休業を取得することが可能です。

　施行日から起算して８週間前は令和４年８月６日（当該日から８

図表 20　経過措置判断フローチャート１

◆施行日時点で休業していない場合

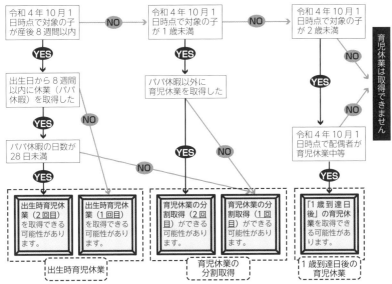

週間経過日の翌日が10月1日）ですので、この日付以降に出生した子がいる人には出生時育児休業取得の可能性があることになります。

　なお、パパ休暇（28日未満）を取得している場合は、当該パパ休暇が出生時育児休業の1回目とみなされるため、出生時育児休業は2回目の取得ということになります。

②育児休業の分割取得が可能な場合

　施行日時点で子が1歳に到達していなければ、既にパパ休暇や通常の育児休業を取得済みでも、育児休業の分割取得ができる可能性があります。なお、育児休業を取得済みの場合は、2回目の育児休業として扱われます。

③1歳到達日後の育児休業が可能な場合

　施行日時点で子が2歳に到達していなければ、配偶者が育児休業中である等一定の要件を満たした場合に1歳到達日後の育児休業を取得することができます。「一定の要件」に関する解説は、58ページ「[2] 1歳到達日後の育児休業の再度の申し出」を参照してください。

⑶施行日時点で休業中の場合

　[図表21] のとおりです。基本的な考え方は「⑵施行日時点で復職済みの場合」と同様です。

実務 ポイント ･･･●

⑴申し出期限の厳格な管理が必要か

　改正後の出生時育児休業等を申し出る場合、原則として法令上の申し出期限が適用されることになりますが、これは施行日以降にしか申し出をすることができません。

　例えば、[図表22] のとおり、10月1日に2回目の出生時育児休業を申し出ようとしても、10月1日前の時点では申し出をすることができず、会社は10月1日から2週間を経過する日を開始予

図表21　経過措置判断フローチャート2

◆施行日時点で休業中の場合

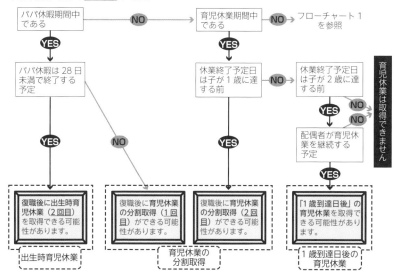

図表22　施行日前後の申し出期限

◆例：施行日当日から出生時育児休業（2回目）を開始したい場合

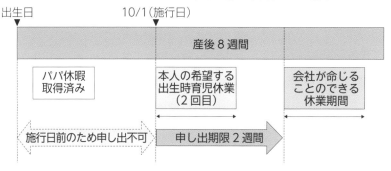

定日とした出生時育児休業とすることができることになります。

　なお、法令を上回る措置として、施行日前の申し出を認める措置を行うことも可能です。会社としても施行日以降の取り扱いを説明する場合にこのような仕組みは非常に難解であるため、申し出期限

を法令どおり厳格に運用するかは事前に検討いただく必要があるか
と思います。

⑵**具体的な取得事例**

　経過措置に関する具体的な取得事例は、194 ページ「令和 3 年改
正育児・介護休業法に関する Q&A」Q5-6 を参照してください。

3. 令和5年4月1日施行

●育児休業の取得状況の公表（育介法22条の2）

改正のポイント

　常時雇用する労働者の数が1000人を超える事業主は、毎年
少なくとも1回、その雇用する労働者の育児休業の取得状況とし
て一定の内容を公表しなければならないこととされました。

| 改正前 | 規定なし |

| 改正後 | 労働者数が 1000 人を超える大企業に公表を義務づけることになる育児休業の取得状況は、以下のいずれかの割合（育介則 71 条の 4）。
①男性の育児休業等取得率
②男性の育児休業等および育児目的休暇の取得率 |

解説

　育児休業の取得状況の公表については、事業主が自らその雇用す
る労働者の育児休業の取得に向けた積極的な取り組みを進めてい
くという社会的な機運を醸成するため、常時雇用する労働者数が
1000 人を超える事業主に対し義務づけるものです（育介通達）。

　育児・介護休業法の改正に当たり、労働政策審議会が示した建議（「男性の育児休業取得促進等について〔建議〕」令3.1.18　労政審発1251）では、「大企業に……公表を義務付けることが適当」とされ、その範囲については「少子化社会対策大綱等の閣議決定文を参考に、従業員1001人以上の企業」とされ、改正法ではそれを踏まえ1000人超の大企業が対象とされました。

　公表はインターネットの利用その他の適切な方法により行わなければなりません（育介則71条の3）。「インターネットの利用」とは、自社のホームページや厚生労働省のウェブサイト「両立支援のひろば」（https://ryouritsu.mhlw.go.jp/）の利用等を指します。また、「その他の適切な方法」としては、「日刊紙への掲載」「県の広報誌」等、一般の人が当該事業主の育児休業の取得の状況を知り得る状況にする方法が考えられます。インターネット等の利用が不可能な事業主については、事務所に備え付ける等の方法により、求めに応じて一般の人がその状況を知り得るようにする方法も差し支えないとされています（育介通達）。

 ···●

(1)公表する割合

　育児休業の取得状況については、[図表23] の①または②のいずれかの割合を公表する必要があります（育介則71条の4）。

(2)くるみん認定・プラチナくるみん認定の認定基準の改正との関係

　令和4年4月1日より、くるみん認定・プラチナくるみん認定の認定基準が改正されます [図表24]。それに併せて、くるみんの新たな認定基準に、❶男性の育児休業等取得率または❷男性の育児休業等および育児目的休暇の取得率を公表していること、が加わりました。その公表については、前述の厚生労働省のウェブサイト「両立支援のひろば」で行う必要があります。

図表23　育児休業の取得状況の公表の義務づけ

①育児休業等の取得割合

公表前事業年度（※1）においてその雇用する男性労働者が育児休業等（※2）をしたものの数

公表前事業年度（※1）において、事業主が雇用する**男性労働者であって、配偶者が出産した**ものの数

または

②育児休業等と育児目的休暇の取得割合

公表前事業年度（※1）においてその雇用する男性労働者が**育児休業等**（※2）をしたものの数**および**小学校就学の始期に達するまでの子を養育する男性労働者を雇用する事業主が講ずる**育児を目的とした休暇制度**（※3）を利用したものの数の合計数

公表前事業年度（※1）において、事業主が雇用する**男性労働者であって、配偶者が出産した**ものの数

※1　**公表前事業年度**：公表を行う日の属する事業年度の**直前の事業年度**

※2　**育児休業等**：育児・介護休業法2条1号に規定する**育児休業**および同法23条2項（所定労働時間の短縮の代替措置として3歳未満の子を育てる労働者対象）または同法24条1項（小学校就学前の子を育てる労働者に関する努力義務）の規定に基づく措置として育児休業に関する制度に準ずる措置が講じられた場合の当該措置によりする休業

《出生時育児休業も含む》

※3　**育児を目的とした休暇**：目的の中に育児を目的とするものであることが明らかにされている休暇制度。育児休業等および子の看護休暇は除く。
《例えば…》
失効年休の育児目的での使用、いわゆる「配偶者出産休暇」制度、「育児参加奨励休暇」制度、子の入園式、卒園式等の行事や予防接種等の通院のための勤務時間中の外出を認める制度（法に基づく子の看護休暇を上回る範囲に限る）などが該当

資料出所：厚生労働省（事業主向け）説明資料「育児・介護休業法の改正について～男性の育児休業取得促進等～」を基に一部加工。

実務 ポイント

　大企業では、年次有給休暇が法定の日数を超えて付与されるだけでなく、時効に係る年次有給休暇（失効年休）を一定の目的（例えば育児等を理由として）で取得できる積立休暇が整備されている場合が多く、法律で定める育児休業の取得をせずとも一定期間育児のための有給の休暇を取得することが可能であり、その休業については育児休業取得率に現れない場合がありました。今回の育児休業の取得状況の公表の義務化においては「育児目的休暇の取得率」も公表内容に含まれており、企業の自由な制度設計に配慮されています。

図表24 くるみん認定・プラチナくるみん認定の認定基準の改正（令和4年4月1日〜）

ポイント1

○くるみんの認定基準とマークが改正されます。

①男性の育児休業等の取得に関する基準が改正されます。

　男性の育児休業等取得率　改正前：**7**%以上　→　令和4年4月1日以降：**10**%以上
　男性の育児休業等・育児目的休暇取得率

　　　　　　　　　　　　改正前：**15**%以上　→　令和4年4月1日以降：**20**%以上

②認定基準に、男女の育児休業等取得率等を厚生労働省のウェブサイト「両立支援のひろば」（https://ryouritsu.mhlw.go.jp/）で公表すること、が新たに加わります。

ポイント2

○プラチナくるみんの特例認定基準が改正されます。

①男性の育児休業等の取得に関する基準が改正されます。

　男性の育児休業等取得率　改正前：**13**%以上　→　令和4年4月1日以降：**30**%以上
　男性の育児休業等・育児目的休暇取得率

　　　　　　　　　　　　改正前：**30**%以上　→　令和4年4月1日以降：**50**%以上

②女性の継続就業に関する基準が改正されます。

　出産した女性労働者および出産予定だったが退職した女性労働者のうち、子の1歳時点在職者割合　　　　改正前：**55**%　→　令和4年4月1日以降：**70**%

ポイント3

○新たな認定制度「トライくるみん」が創設されます。

　認定基準は、改正前のくるみんと同じです。（※トライくるみん認定を受けていれば、くるみん認定を受けていなくても直接プラチナくるみん認定を申請できます。）

ポイント4

○新たに不妊治療と仕事との両立に関する認定制度が創設されます。

資料出所：厚生労働省「令和4年4月1日からくるみん認定、プラチナくるみん認定の認定基準等が改正されます！　新しい認定制度もスタートします！」を基に一部加工。

Q1：義務づけ対象となる大企業の従業員数

　公表の義務づけ対象となる大企業（常時雇用する労働者数が 1000 人を超える事業主）の労働者数は、どのようにカウントしますか。

A1：「常時雇用する労働者が 1000 人を超える」とは、雇用契約の形態を問わず、事実上期間の定めなく過去 1 年以上継続雇用されている人または雇入れの時から 1 年以上継続雇用が見込まれる人をいい、一時的に 1000 人以下になることがあっても、常態として 1000 人を超える場合とされます。

Q2：事業年度の途中で労働者数が 1000 人を超えた場合の公表

　事業年度の途中で労働者数が 1000 人を超えた場合は、いつ、公表する義務が発生しますか。

A2：常時雇用する労働者数が 1000 人以下の企業であっても、常時雇用する労働者数が 1000 人を超えた時点から義務とされます。具体的には、常時雇用する労働者数が 1000 人を超えた日が属する事業年度に、常時雇用する労働者数が 1000 人を超えた日が属する事業年度の直前の事業年度の状況を公表することになります。

Q3：取得状況のカウント

　取得日数に関係なく 1 日でも取得していれば、取得者としてカウントされますか。

A3：「育児休業等」または「育児休業等および育児目的休暇」を 1 日でも取得していれば、公表が義務づけられた育児休業取得状況にカウントされることになります。

Q4：育児休業を取得しない労働者への取得勧奨

　　育児休業取得率を上げるため、育児休業を取得しない労働者に取得勧奨することは問題でしょうか。

A4：育児休業の取得率を上げるために、意向確認をする際などに「取得を勧めること」は問題ありません。

4. 令和4年4月1日施行（妊娠・出産等についての申し出に係る部分）・令和4年10月1日施行（出生時育児休業に係る部分）

●不利益な取り扱いの禁止（育介法10条、21条2項）

改正のポイント

　　今回の改正で、解雇等不利益な取り扱いの禁止規定が追加されます。

改正前	妊娠・出産・育児休業等を理由とする不利益な取り扱いが禁止されていた

改正後	・「労働者またはその配偶者が妊娠し、または出産したことその他これに準ずる事実を申し出た」ことを理由とする、解雇その他不利益な取り扱いを禁止（令和4年4月1日施行） ・出生時育児休業中の就業に関する一定の事由等を理由とする解雇その他不利益な取り扱いを禁止（令和4年10月1日施行）

解説 ···●

　今回の改正により、労働者またはその配偶者が妊娠し、または出産したことその他これに準ずる事実を申し出たときは、事業主は個別周知と意向確認の措置を講じなければならないとされたことに伴い「労働者またはその配偶者が妊娠し、または出産したことその他これに準ずる事実を申し出た」ことを理由として、解雇その他不利益な取り扱いをしてはならないとされました。

　また、出生時育児休業中の就業に関する以下の❶～❺の事由等を理由として、解雇その他不利益な取り扱いをしてはならないとされました。

❶休業中に就業を希望する旨の申し出をしなかったこと

❷休業中に就業を希望する旨の申し出が事業主の意に反する内容であったこと

❸休業中の就業の申し出に係る就業可能日等の変更をしたことまたは当該申し出の撤回をしたこと

❹休業中の就業に係る事業主からの提示に対して同意をしなかったこと

❺休業中の就業に係る事業主からの提示に対する同意の全部または一部の撤回をしたこと

発展 ···●

　改正前の(1)妊娠・出産を理由とする不利益な取り扱いの禁止、(2)育児休業等を理由とする不利益な取り扱いの禁止および(3)不利益な取り扱いの例に、今回の改正を加えると、以下のとおりとなります［図表25］。

(1)**妊娠・出産等を理由とする不利益な取り扱いの禁止**
　（均等法9条3項）

　事業主は、女性労働者に対して、次の①～⑨を理由として解雇そ

の他不利益な取り扱いをしてはなりません（均等則2条の2）。

①妊娠したこと

②出産したこと

③妊娠中および出産後の健康管理に関する措置（母性健康管理措置）または母性健康管理措置に基づく勤務の軽減等必要な措置を求め、または当該措置を受けたこと

④妊産婦の坑内業務の就業制限もしくは危険有害業務の就業制限により業務に就くことができないこと、坑内業務に従事しない旨の申し出もしくは就業制限の業務に従事しない旨の申し出をしたこと、またはこれらの業務に従事しなかったこと

⑤産前休業を請求し、もしくは産前休業をしたこと、または産後の就業制限により就業できず、もしくは産後休業をしたこと

⑥妊娠中に軽易な業務への転換を請求し、または軽易な業務に転換したこと

⑦妊産婦について、事業場において変形労働時間制がとられる場合において、1週間または1日について法定労働時間を超える時間について労働しないことを請求したこと、時間外もしくは休日について労働しないことを請求したこと、深夜業をしないことを請求したこと、またはこれらの労働をしなかったこと

⑧育児時間の請求をし、または育児時間を取得したこと

⑨妊娠または出産に起因する症状（つわり、妊娠悪阻、切迫流産、出産後の回復不全等）により労務の提供ができないこともしくはできなかったこと、または労働能率が低下したこと

⑵育児休業等を理由とする不利益な取り扱いの禁止

　事業主は、次の①～⑧を理由として、労働者に対して解雇その他不利益な取り扱いをしてはなりません（②⑧は今回の改正で追加。介護休業等に関する記述は省略）。

①労働者が育児休業もしくは出生時育児休業の申し出をし、または育児休業もしくは出生時育児休業をしたこと（育介法10条）

図表25　妊娠・出産・育児休業等に係る不利益な取り扱いの禁止事項早見表

以下のようなことを理由として

妊娠したこと	均	
出産したこと	均	
妊娠中および出産後の健康管理に関する措置（母性健康管理措置）を求め、または当該措置を受けたこと	均	
坑内業務の就業制限もしくは危険有害業務の就業制限の規定により業務に就くことができないこと、坑内業務に従事しない旨の申し出もしくは就業制限の業務に従事しない旨の申し出をしたことまたはこれらの業務に従事しなかったこと	均	
産前休業を請求し、もしくは産前休業をしたことまたは産後の就業制限の規定により就業できず、もしくは産後休業をしたこと	均	
軽易な業務への転換を請求し、または軽易な業務に転換したこと	均	
事業場において変形労働時間制がとられる場合において1週間または1日について法定労働時間を超える時間について労働しないことを請求したこと、時間外もしくは休日について労働しないことを請求したこと、深夜業をしないことを請求したことまたはこれらの労働をしなかったこと	均	
育児時間の請求をし、または育児時間を取得したこと	均	
妊娠または出産に起因する症状により労務の提供ができないこともしくはできなかったことまたは労働能率が低下したこと	均	
育児休業の申し出をし、もしくは出生時育児休業の申し出、または育児休業もしくは出生時育児休業をしたこと		育
子の看護休暇の申し出をし、または子の看護休暇を取得したこと		育
所定外労働の制限の請求をし、または事業主が当該請求をした労働者について所定労働時間を超えて労働させてはならない場合に当該労働者が所定労働時間を超えて労働しなかったこと		育
時間外労働の制限による請求をし、または事業主が当該請求をした労働者について制限時間を超えて労働時間を延長してはならない場合に当該労働者が制限時間を超えて労働しなかったこと		育
深夜業の制限の請求をし、または事業主が当該請求をした労働者について深夜において労働させてはならない場合に当該労働者が深夜において労働しなかったこと		育
所定労働時間の短縮措置等の申し出をし、または当該労働者にその措置が講じられたこと		育
（今回の改正で追加）労働者またはその配偶者が妊娠し、または出産したことその他これに準ずる事実の申し出をしたこと		育
（今回の改正で追加）出生時育児休業中の就業に関して ①休業中に就業を希望する旨の申し出をしなかったこと ②休業中に就業を希望する旨の申し出が事業主の意に反する内容であったこと ③休業中の就業の申し出に係る就業可能日等の変更または当該申し出の撤回をしたこと ④休業中の就業に係る事業主からの提示に対して同意をしなかったこと ⑤休業中の就業に係る事業主からの提示に対する同意の全部または一部の撤回をしたこと		育
労働者が、妊娠・出産、育児等をする労働者に関する措置についての労働者と事業主の紛争に関し、都道府県労働局長の援助を求めたこと、紛争調整委員会による調停の申請をしたこと	均	育

以下のような不利益な取り扱いをしてはならない

解雇すること	均	育
期間を定めて雇用される者について、契約の更新をしないこと	均	育
あらかじめ契約の更新回数の上限が明示されている場合に、当該回数を引き下げること	均	育
退職または正社員をパートタイム労働者等の非正規社員とするような労働契約内容の変更の強要を行うこと	均	育
降格させること	均	育
就業環境を害すること	均	育
不利益な自宅待機を命ずること	均	育
減給をし、または賞与等において不利益な算定を行うこと	均	育
昇進・昇格の人事考課において不利益な評価を行うこと	均	育
不利益な配置の変更を行うこと	均	育
派遣労働者として就業する者について、派遣先が当該派遣労働者に係る労働者派遣の役務の提供を拒むこと	均	育
労働者が希望する期間を超えて、その意に反して所定外労働の制限、時間外労働の制限、深夜業の制限または所定労働時間の短縮措置等を適用すること		育

また、これらの取り扱いが、妊娠・出産・育児休業等と時間的に近接している場合は、「妊娠・出産・育児休業等を理由とした（契機とした）」不利益な取り扱いであると解され、違法性が疑われることに注意を要する。

※原則として、妊娠・出産・育児休業等の事由の終了から1年以内に不利益な取り扱いがなされた場合は、契機としていると判断される。

〔詳細については下記参照〕
・「『改正雇用の分野における男女の均等な機会及び待遇の確保等に関する法律の施行について』及び『育児休業・介護休業等育児又は家族介護を行う労働者の福祉に関する法律の施行について』の一部改正について」(平27.1.23　雇児発0123第1)
・厚生労働省「妊娠・出産・育児休業等を契機とする不利益取扱いに係るQ＆A」

均：均等法・均等指針により定められている。
育：育介法・育介指針により定められている。

②出生時育児休業中の就業に関する以下の事由（育介法10条）（今回の改正で追加）

❶休業中に就業を希望する旨の申し出をしなかったこと

❷休業中に就業を希望する旨の申し出が事業主の意に反する内容であったこと

❸休業中の就業の申し出に係る就業可能日等の変更をしたことまたは当該申し出の撤回をしたこと

❹休業中の就業に係る事業主からの提示に対して同意をしなかったこと

❺休業中の就業に係る事業主からの提示に対する同意の全部または一部の撤回をしたこと

③労働者が子の看護休暇の申し出をし、または子の看護休暇を取得したこと（育介法16条の4）

④労働者が所定外労働の制限の請求をし、または事業主がその請求をした労働者について所定労働時間を超えて労働させてはならない場合に、その労働者が所定労働時間を超えて労働しなかったこと（育介法16条の10）

⑤労働者が時間外労働の制限の請求をし、または事業主がその請求をした労働者について制限時間を超えて労働時間を延長してはならない場合に、その労働者が制限時間を超えて労働しなかったこと（育介法18条の2）

⑥労働者が深夜業の制限の請求をし、または事業主がその請求をした労働者について深夜において労働させてはならない場合に、その労働者が深夜業をしなかったこと（育介法20条の2）

⑦労働者が所定労働時間の短縮措置もしくは始業時刻変更等の措置の申し出をし、またはその労働者に所定労働時間の短縮措置もしくは始業時刻変更等の措置が講じられたこと（育介法23条の2）

⑧労働者が、労働者またはその配偶者が妊娠し、または出産したことその他これに準ずる事実の申し出をしたこと（育介法21条）（今

回の改正で追加）

(3)不利益な取り扱いの例

　妊娠・出産・育児休業等を理由とする不利益な取り扱いの例としては、育介指針および均等指針により、以下のものが示されています。

①解雇すること

②期間を定めて雇用される者について、契約の更新をしないこと（雇止め）

③あらかじめ契約の更新回数の上限が明示されている場合に、当該回数を引き下げること

④退職または正社員をパートタイム労働者等の非正規社員とするような労働契約内容の変更の強要を行うこと

⑤降格させること

⑥就業環境を害すること

　業務に従事させない、専ら雑務に従事させる等の行為

⑦不利益な自宅待機を命ずること

　医師の指導に基づく休業措置期間・産前産後休業・育児休業の終了予定日を超えて休業することや、子の看護休暇取得申し出日以外の日に休業することを労働者に強要すること等が該当します。なお、軽易な業務への転換請求において、女性労働者が転換すべき業務を指定せず、かつ、客観的にみても他に転換すべき軽易な業務がない場合で、女性労働者がやむを得ず休業する場合には不利益な自宅待機に該当しないとされています。

⑧減給をし、または賞与等において不利益な算定を行うこと

　不利益な取り扱いに該当するか否かは、次の例が挙げられています。

不利益な取り扱いに該当するもの	不利益な取り扱いに該当しないもの
実際には労務の不提供や労働能率の低下が生じていないにもかかわらず、女性労働者が、妊娠し、出産し、産前休業の請求等をしたことのみをもって、賃金・賞与・退職金を減額すること	
実際には労務の不提供が生じていないにもかかわらず、育児休業等の申し出等をしたことのみをもって、賃金・賞与・退職金を減額すること	
賃金について、妊娠・出産等に係る就労しなかったまたはできなかった期間（不就労期間）分を超えて不支給とすること	育児休業期間中や子の看護休暇取得日、所定労働時間の短縮措置等の適用期間中の現に働かなかった時間について賃金を支払わないこと
（右記の場合において）退職金や賞与の算定に当たって、育児休業期間、子の看護休暇取得日数または所定労働時間の短縮措置等の適用により、現に短縮された時間の総和に相当する日数を超えて働かなかったものとして取り扱うこと	退職金や賞与の算定に当たって、実際に勤務した日数を考慮する場合に、育児休業期間、子の看護休暇取得日数または所定労働時間の短縮措置等の適用により、現に短縮された時間の総和に相当する日数を日割りで算定対象期間から控除すること等、専ら当該育児休業等により労務を提供しなかった期間は働かなかったものとして取り扱うこと
賞与または退職金の支給額の算定に当たり、不就労期間や労働能率の低下を考慮の対象とする場合において、同じ期間休業した疾病等や同程度労働能率が低下した疾病等と比較して、妊娠・出産等による休業や妊娠・出産等による労働能率の低下について不利に取り扱うこと	
賞与または退職金の支給額の算定に当たり、不就労期間や労働能率の低下を考慮の対象とする場合において、現に妊娠・出産等により休業した期間や労働能率が低下した割合を超えて、休業した、または労働能率が低下したものとして取り扱うこと	

⑨昇進・昇格の人事考課において不利益な評価を行うこと

(a)実際には労務の不提供や労働能率の低下が生じていないにもかかわらず、妊娠・出産したこと、産前休業の請求や育児休業等の申し出をしたことのみをもって、人事考課で妊娠をしていない者や育児休業等の申し出をしていない者よりも不利に取り扱うこと

(b)人事考課で、不就労期間や労働能率の低下を考慮の対象とする場合において、同じ期間休業または同程度労働能率が低下した疾病等と比較して、妊娠・出産等による休業・労働能率の低下について不利に取り扱うこと

(c)育児休業等をした労働者について、休業期間を超える一定期間昇進・昇格の選考対象としない人事評価制度とすること

⑩不利益な配置の変更を行うこと

不利益な配置の変更に当たるかどうかは、配置の変更の必要性、配置の変更前後の賃金その他の労働条件、通勤事情、労働者の将来に及ぼす影響等諸般の事情について総合的に比較考量の上、判断すべきものですが、例えば、通常の人事異動のルールからは十分に説明できない職務または就業の場所の変更を行うことにより、労働者に相当程度経済的または精神的な不利益を生じさせることなどは不利益な配置の変更に該当するとされています。これには、以下のような例が該当します。

(a)妊娠した女性労働者が、その従事する職務において業務を遂行する能力があるにもかかわらず、賃金その他の労働条件、通勤事情等が劣ることとなる配置変更を行うこと

(b)妊娠・出産等に伴い、その従事する職務において業務を遂行することが困難であり配置変更する必要がある場合において、他に従事させることができる適当な職務があるにもかかわらず、特別な理由もなく当該職務と比較して、賃金その他の労働条件、通勤事情等が劣ることとなる配置変更を行うこと

(c)産前産後休業からの復帰に当たって、原職または原職相当職に就けないこと

なお、「原職相当職」の範囲は、個々の企業または事業所における組織の状況、業務配分、その他の雇用管理の状況によってさまざまですが、一般的に、以下のいずれにも該当する場合には、「原職相当職」と評価されます。

(i)休業後の職制上の地位が休業前より下回っていないこと

(ii)休業前と休業後とで職務内容が異なっていないこと

(iii)休業前と休業後とで勤務する事業所が同一であること

ただし、(i)〜(iii)をすべて満たさなければ必ず原職相当職に該当しないというわけではなく（例えば(iii)について、復帰に伴い自宅により近いといった本人にとって有利なまたは特段不利益の生じない事業所に配置されるなど）、個々の事情により判断されます。

⑪派遣労働者として就業する者について、派遣先が当該派遣労働者に係る労働者派遣の役務の提供を拒むこと

⑫労働者が希望する期間を超えて、その意に反して所定外労働の制限、時間外労働の制限、深夜業の制限または所定労働時間の短縮措置等を適用すること

なお、これらはあくまでも例示であり、ここに掲げていない行為についても個別具体的な事情を勘案すれば、不利益な取り扱いに該当するケースもあり得ます。

2 健康保険法等の改正
（令和4年10月1日施行）

●育児休業中の健康保険料・厚生年金保険料の免除範囲の拡大と縮小（健康保険法159条、厚生年金保険法81条の2第1項）

改正のポイント

　育児休業期間中は社会保険料（健康保険料・厚生年金保険料）が免除となりますが、本改正により月次給与に係る保険料の免除となる範囲は拡大し、賞与に係る保険料の免除範囲は縮小することとなります［図表26］。どのような場合に保険料の免除となるかを十分に理解して、給与計算実務に反映させる必要があります。

| 改正前 | 月末に育児休業を取得している場合は、当月分の給与および賞与[※]の社会保険料が免除となる |

月末に育児休業を取得している場合は、当月分の給与および賞与[※]の社会保険料が免除となる

※給与は保険料が翌月控除の場合、翌月支給の給与で控除される保険料が免除となる。賞与は当月に支給日のある場合に免除の対象となる。

改正後 以下のとおり変更となる。

・給与：改正前の要件に加えて、月末に休業していなくても同月内に14日以上休業していれば、保険料免除の対象となる→**免除範囲は拡大**

・賞与：月末に休業していても、1カ月を超える期間の休業とならない場合は、保険料免除の対象とならない→**免除範囲は縮小**

図表 26　育児休業中の社会保険料の免除要件

■休業取得例の概略図

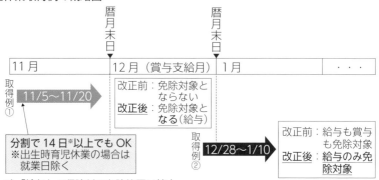

1)「給与」の保険料の免除範囲は**拡大**
　改正前：「暦月末日」に休業中ならばその月の保険料が免除
　改正後：上記または**月14日以上の休業**は、月末を含まなくても**免除対象**となる

2)「賞与」の保険料の免除範囲は**縮小**
　改正前：「暦月末日」に休業中ならばその月の保険料が免除
　改正後：育児休業期間が**1カ月以内**の場合は、**免除対象外**となる

解説

⑴見直しの背景

「全世代型社会保障改革の方針」（令和2年12月15日閣議決定）を受けて、給付は高齢者中心、負担は現役世代中心といった社会保障構造を見直し、すべての世代で広く安心を支えていく「全世代型社会保障制度」を構築するため、健康保険法および厚生年金保険法の一部が改正されることとなりました。

これによりさまざまな法律の改正が行われることになりましたが、育児休業等に関する事項については、前述の育児・介護休業法の改正を受けて、育児休業中の保険料免除に関する要件が見直されることとなりました。

本改正では、免除の範囲が拡大する部分と縮小する部分とが混在するため、注意を要します。保険料免除は、給与計算に直結する手続きのため、要件をしっかりと整理し、過誤なく手続きを実施でき

るよう準備する必要があります。

(2)保険料免除の範囲が拡大する部分

　[図表 26] のとおり、育児休業期間中の標準報酬月額（月次給与）に係る保険料免除の範囲は拡大することになります。

　本改正前は、育児休業開始日の属する月と終了日の翌日の属する月が異なる月であるとき（月の末日に休業しているとき）でないと保険料の免除は適用されませんでしたが、本改正により月の末日に休業していなくても、休業した日数が 2 週間（14 日）以上である場合は、免除の対象とされることとなりました。

　また、同一月内であれば、休業日数は通算して計算することができるため、新たに設けられる出生時育児休業や育児休業の分割取得の制度を利用して、同一月内に短期間の休業を複数回に分けて取得した場合も免除対象となる場合があります。

　ただし、出生時育児休業の取得期間を保険料の免除対象とする場合、休業期間中の就業日数を除いて 14 日以上休業している必要があるため、注意が必要となります。

(3)保険料免除の範囲が縮小する部分

　[図表 26] のとおり、育児休業期間中の標準賞与額（賞与支給）に係る保険料免除の範囲は縮小となります。

　本改正前は、前述の月次給与に係る保険料の免除と同様に、月の末日に休業している場合は、当月に支給される賞与の保険料が免除の対象となりましたが、本改正により、休業期間が 1 カ月以内の場合は免除対象とされないこと（賞与保険料を免除対象とするには、暦月 1 カ月 + 1 日の休業取得が必要）となりました。

　これまでは賞与支給月の月末最終日に休業するかを確認すれば、保険料の免除対象かどうかを判定することができましたが、今後は休業期間が 1 カ月を超えるかどうかを確認する必要があります。

　なお、賞与支給日「前」に 1 カ月を超える休業を取得している必要があるわけではなく、開始予定日が到来していなくても、支給日

当月の末日を含む育児休業であれば、当該休業の開始予定日から終了予定日までが1カ月を超えるかどうかを確認して、免除対象かどうかを判断する必要があります。

　また、(2)で示した休業期間の通算については、同月内の休業だけが通算される仕組みのため、月をまたいだ複数の休業日数を合計して1カ月を超えるかどうかを確認する必要はありません。

実務 ポイント ‥‥‥‥‥‥‥‥‥‥‥‥‥‥‥‥‥‥‥‥‥‥‥‥‥‥‥‥‥●

(1)賞与計算締切日における確認事項

　社会保険料の免除は給与控除に直結する処理のため、計算処理を実施する際には保険料免除対象者に該当するかどうかを十分確認する必要があります。

　特に賞与計算を行う際には、これまでどおり「①月末を含む育児休業が予定されているかどうか」の確認と同時に、「②当該休業が1カ月を超える期間の申し出か」を併せて確認する必要があります。

　どのような期間の休業であれば保険料の免除に該当するかどうかを端的に示したものが［図表27］です。

(2)年末年始に係る育児休業の申し出

　一般的に12月が賞与支給月となるケースは多いかと思います。［図表27］のように賞与の保険料を免除する場合は、「賞与支給月の月末を含む休業であること」が必要となりますが、12月31日が公休日（所定休日）である場合に、12月31日を休業開始予定日または終了予定日とした育児休業の申し出が適切かどうか、という論点があります。

　育児休業は休業開始予定日から休業終了予定日までの間に公休日が含まれていたとしても、これを含めた期間を育児休業として取り扱っても差し支えないものとされています。他方、休業開始予定日から休業終了予定日の全日が公休日であった場合は、育児休業を取得する余地はない旨も明示されています（育介通達）。

図表27 賞与保険料の免除に関する検討

■6月10日支給の賞与保険料が免除される休業は…

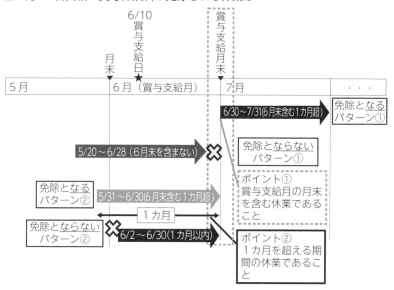

　本件については、法令の趣旨から考えると開始予定日（または終了予定日）となる日が公休日となる場合は、直後の労働日から（もしくは直前の労働日まで）の期間を申し出るべきと考えられ、保険料の免除に関しても当該期間を対象とする手続きを行うのが適当といえるでしょう。

⑶給与計算システムの仕様変更の必要性

　本改正に伴う保険料免除対象範囲の変更は、従来の給与計算システム上の機能では対応が難しい案件であるため、給与計算システムベンダーと打ち合わせをし、仕様変更の日程確認を行った上で社内の給与システム担当者と調整し、法改正の施行期日までに対応が完了するよう対処する必要があります。

　また、給与計算担当者と育児休業関係担当者が人事部内で異なる場合は、これまでの情報に加えて、休業期間の連携も行う必要があ

るため、注意が必要です。

　保険料の免除は、休業対象者がどのくらいの期間、休業を希望するかを決定するための一つの検討要素になっているため、前述の雇用環境整備、個別周知義務等の対応の中でしっかりと説明をしていく必要があると考えられます。

Q：育児休業中に就業した場合の社会保険料の免除
　　育児休業中に就業した場合、社会保険料の免除はどのような取り扱いになりますか。
A：そもそも育児休業中は労働の義務が免除されているため、原則として就業することはできません。ただ、社会保険料の免除に関しては、休業中の就業をどのように取り扱うかについての明確な規定がされておらず、また、一定の範囲内の就業であれば育児休業給付金の支給が継続されることからも、一時的、臨時的な就業に関しては、従来どおり免除が継続されるものと考えて差し支えないかと思います。
　　なお、出生時育児休業中の就業に関しては、「同月内に通算14日以上の休業があれば月末に休業していなくても、保険料免除の対象とする」という新たな基準では、休業中の就業日を除いて14日以上の休業が必要とされるため、注意が必要です。
　　詳細は **解説** (2)をご確認ください。

3　雇用保険法関係の改正

1.　令和3年9月1日施行

●育児休業給付金受給の要件に係る特例（雇用保険法61条の7第3項［令和4年10月1日以降は、同条4項］）

改正のポイント

　出産日のタイミングによって育児休業給付金の受給要件を満たさなくなるケースを解消するため、被保険者期間の計算の起算点に関する特例（特例基準日）が設けられました。

| 改正前 | 規定なし |

| 改正後 | 労働基準法に定める産後休業をした被保険者で、育児休業給付金の受給要件である育児休業を開始した日前2年間にみなし被保険者期間が12カ月に満たない場合に、育児休業を開始した日ではなく「産前休業開始日」を特例基準日として2年間さかのぼり、受給要件を満たすことができるものとする特例を新設 |

解説

　育児休業開始日は出産日に応じて定まることから、1年程度勤務した後、産前休業を開始したようなケースにおいて、そのタイミングによっては、改正前の算定方法では育児休業給付金の要件である

みなし被保険者期間[※]が12カ月を満たさない場合がありました。そこで、みなし被保険者期間が12カ月に満たない場合の特例として、起算点を“労働基準法65条1項の規定による産前の休業を開始した日等”（以下、特例基準日）として、みなし被保険者期間を算定することができることとなりました［図表28］。

※「みなし被保険者期間」とは

　休業開始日を被保険者でなくなった日（資格喪失日）とみなして雇用保険法14条の被保険者期間の規定を適用した場合の被保険者期間に相当する期間をいい、休業を開始した日の前日からさかのぼって被保険者であった期間を1カ月ごとに区分し、各区分期間のうち賃金支払基礎日数が11日以上（11日以上の月が12カ月ない場合、就業している時間数が80時間以上）あるものを1カ月として計算したものをいいます。

図表28　育児休業給付金の受給要件に係る特例

入社	令和5年4月1日
産前休業開始日	令和6年4月5日
出産日	令和6年4月30日
産後休業終了日	令和6年6月25日
育児休業開始日	令和6年6月26日
被保険者要件（改正前）	被保険者期間12カ月なし
被保険者要件（改正後）	被保険者期間12カ月あり

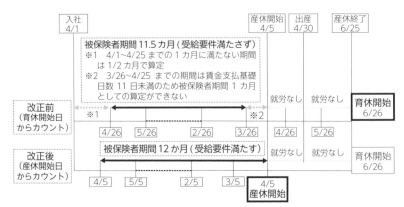

実務ポイント ‥‥‥‥‥‥‥‥‥‥‥‥‥‥‥‥‥‥‥‥‥‥‥‥‥‥‥●

　改正前には、育児休業給付金を受給するには「育児休業開始日」を起算点として、その日前2年間にみなし被保険者期間が12カ月以上必要であることとされていました。しかし、出産日（育児休業開始日）の時期により受給要件を満たさないケースが発生していたことから、特例基準日の新設により不公平を解消することになりました。

　さらに、産前休業の開始日等が起算点となることで、これまで出産してからでないと育児休業給付金の受給資格を満たすか否かの判断がつかなかったところ、早い段階で受給資格の有無を確認することが可能となりました。

Q：産前休業の開始前に子を出生した場合の被保険者期間算定の起算点

　産前休業を開始する日前に子を出生した場合は被保険者期間の算定の起算点はどこになりますか。

A：産前休業を開始する日前に子を出生した場合は「子を出生した日の翌日」が起算点となります。なお、産前休業を開始する日前から母性保護のための休業を先行して開始していた場合は、産前休業前から「先行した休業を開始した日」を起算点とします。

2. 令和4年10月1日施行

[1] 出生時育児休業給付金の創設（雇用保険法61条の8）

改正のポイント

　今回の育児・介護休業法の改正により新設された出生時育児休業に対応する「出生時育児休業給付金」が創設されました。

改正前　規定なし

改正後　雇用保険法の被保険者が、子の出生の日から起算して8週間を経過する日の翌日までの期間内に4週間以内の期間を定めて「出生時育児休業」をした場合には、従来の育児休業給付金とは別に、出生時育児休業給付金が支給される

解説

(1)支給要件

　出生時育児休業給付金は、出生時育児休業を開始した日前2年間に、みなし被保険者期間（112ページ参照）が通算して12カ月以上あったときに、支給されます。

(2)支給期間

　出生時育児休業給付金については、以下のいずれかの場合には支給されないものとされています。

①同一の子について被保険者が3回以上の出生時育児休業をした場合の3回目以降の出生時育児休業

②同一の子に係る出生時育児休業ごとの出生時育児休業を開始した日から出生時育児休業を終了した日までの合算日数が28日に達

した日後の出生時育児休業

※①②ともに、各事業所において、3回目以降の申し出を認めるなど法を上回る制度を設けている場合や、法令で規定する例外事由（後述）に該当する場合が考えられます。

⑶支給額

出生時育児休業給付金の支給額は、以下のとおりとなります。

> 休業開始時賃金日額[※]×出生時育児休業日数（上限28日）
> ×100分の67
> ※原則、育児休業開始前6カ月の賃金を180で除した額。

なお、育児休業給付金に係る100分の67（67％）の支給率は、出生時育児休業給付金の支給日数と育児休業給付金の支給日数の合計が180日に達するまでとされており、180日に達した日後の支給率は100分の50（50％）となります［図表29］。

⑷出生時育児休業の取得対象期間である「子の出生の日から起算して8週間を経過する日の翌日までの期間内」とは

「子の出生の日から起算して8週間を経過する日の翌日までの期間内」とは、出産予定日前に子が出生した場合は「出生の日」から

図表 29　出生時育児休業給付金および育児休業給付金の給付率

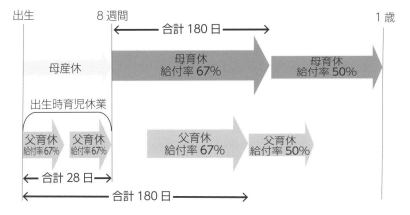

「出産予定日から起算して8週間を経過する日の翌日」までと、出産予定日後に子が出生した場合は「出産予定日」から「出生の日から起算して8週間を経過する日の翌日」までとされています［図表30］。

⑸支給に係る就業日数・時間の上限

出生時育児休業期間中は、一定の就業が認められます。ただし、出生時育児休業給付金の支給に当たり、休業期間における就業日数・時間の上限は、休業取得期間に比例して変動します。最大4週間取得した場合では10日（10日を超える場合は80時間）となります。

⑹支給申請手続き

出生時育児休業給付金の支給申請手続きは、出生の日（出産予定日前に子が出生した場合にあっては、当該出産予定日）から起算して8週間を経過する日の翌日から当該日から起算して2カ月を経過する日の属する月の末日までの期間に、申請書等を公共職業安定所長に提出して行います。

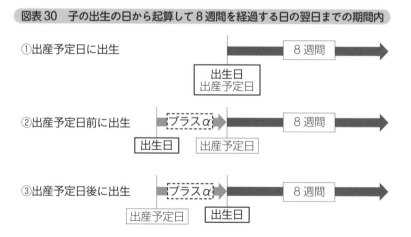

図表30　子の出生の日から起算して8週間を経過する日の翌日までの期間内

①出産予定日に出生　　8週間
出生日
出産予定日

②出産予定日前に出生　　プラスα　8週間
出生日　　出産予定日

③出産予定日後に出生　　プラスα　8週間
出産予定日　　出生日

実務 ポイント ··•

⑴出生時育児休業の申し出を2回に分けて行った場合

　出生時育児休業給付金は、同一の子について2回まで支給を受けることができますが、支給手続きが煩雑にならないように、子の出生後8週経過以後にまとめて1度の手続きにより行うこととされています。これは出生時育児休業の事業主への申し出も同様です（2週間前までに1度の申し出により行う）。育児・介護休業法で出生時育児休業の申し出がなされた後に、さらに同じ子について出生時育児休業申し出がなされた場合、事業主はその申し出を拒むことができるとされているため（育介法9条の3）、出生時育児休業が拒まれた場合は出生時育児休業給付金の支給もなされないこととなります。

⑵出生時育児休業給付金の支給日数

　出生時育児休業給付金の額の計算においては、出生時育児休業を開始した日から終了した日までの「出生時育児休業日数」を合算した日数を支給日数とします。

⑶就業日数・時間の上限の算出方法

　前記のとおり、出生時育児休業給付金の支給についての就業日数・時間の上限は、休業取得期間に比例して変動させることとされています。例えば7日と7日の計14日の出生時育児休業を取得した場合、就業可能なのは5日（10日×28分の14）または40時間（80時間×28分の14）が上限になります。なお、出生時育児休業の取得日数によっては、算出に当たり端数が生じますが、その場合は切り上げとなります（10日間の休業の場合：10日×28分の10＝3.57〔端数切り上げ〕→最大4日）。

⑷就業した場合の社会保険料の免除の取り扱い

　就業した場合であっても育児休業（出生時育児休業）として認められるため、出生時育児休業給付金の支給はもちろんのこと、社会

保険料の育児休業に係る免除も受けることになります。

(5)「就業」をめぐる改正前後の取り扱いの違い

　改正前までは、育児休業は、子の養育を行うために、休業期間中の労務提供義務を消滅させる制度であるとして、休業期間中に就労することは想定されていませんでした。しかし、労使の話し合いにより、子の養育をする必要がない期間に限り、「一時的・臨時的」にその事業主の下で就労することができました。

　今回の改正で創設された出生時育児休業については、その期間中は、「一時的・臨時的」ではなく、労使協定を締結している場合に限り、労働者と事業主の合意した範囲内で、事前に調整した上で休業中に就業することを可能としている点が特徴です。

Q：出生時育児休業給付金と賃金の調整
　　出生時育児休業中に就業した場合でも、育児休業給付の支給はありますか。

A：出生時育児休業中に就業した場合でも、出生時育児休業給付金は支給されます。ただし、就業分として事業主から支払われた賃金が「休業開始時賃金日額×出生時育児休業日数」の13％超になると出生時育児休業給付金の額がカットされます（80％以上になると支給されません）。

[2] 育児休業給付金の改正（雇用保険法61条の7）

改正のポイント

　育児休業の分割取得に合わせて、同一の子に係る育児休業給付金も2回に分割して受給できるものとされました。

| 改正前 | 規定なし |

| 改正後 | 1歳未満の子について、育児休業の分割取得ができることになったことに合わせて、同一の子に係る育児休業給付金も原則として2回に分割して受給できる |

解説

　今回の育児・介護休業法の改正により、1歳未満の子について、育児休業を2回に分割して取得することができるものとされたことに伴い、育児休業給付金の支給についても2回分受給できるものとされました。被保険者が育児休業について育児休業給付金の支給を受けたことがある場合において、被保険者が同一の子について3回以上の育児休業をした場合における3回目以降の育児休業については、原則として育児休業給付金は、支給しないこととされました。

　ただし、第2子以降の子の産休により育児休業が終了し、死産となった場合等の特別な事情があるときに3回以上の取得が可能となることに対応して、育児休業給付金についても、例外的に3回目以降の育児休業でも支給することとされました。

　また、1歳到達後の延長期間における育児休業を夫婦交代で取得する場合は、1歳から1歳6カ月または1歳6カ月から2歳までの各期間において夫婦それぞれ1回に限り育児休業給付金が受けられ

ることとされました。

　同一の子について出生時育児休業も含め2回以上の育児休業等を取得した場合、被保険者期間要件の判定や休業前賃金の算定については、初回の育児休業の際に行うこととし、事務負担の軽減が図られました。したがって、休業開始時賃金証明書の取り扱いとしては、出生時育児休業を含め初回の休業に限り提出するため、同一の子について2回以上の育児休業等をした場合の手続きは不要となります。

Q&A

Q：短期間の休業の場合の育児休業給付金

　短期間の休業でも育児休業給付金の支給はありますか。

A： たとえ1日の育児休業であっても、育児休業給付金の支給はあります。

第3章

就業規則・社内規定・
労使協定例

① 育児・介護休業規程の規定例

※1　従来からの変更箇所には下線もしくは取り消し線を付した。

※2　規定例は、あくまで一つの例です。実際の規定は、事業所の実態にあったものとし、必ずしもこのとおりである必要はありません。

第1章　目的

（目的）

第1条　本規則は、従業員の育児・介護休業、<u>出生時育児休業</u>、子の看護休暇・介護休暇、育児や介護のための所定外労働の制限、時間外労働・深夜業の制限及び育児・介護短時間勤務等に関する取扱いについて定めるものである。

> 〈アドバイス〉
> 　目的条文に「出生時育児休業」を加筆します。

第2章　育児休業制度

> 期間契約従業員の申し出要件が一つになったので本文に入れ込み

（育児休業の対象者）

第2条　育児のために休業することを希望する従業員（日雇従業員を除く。以下同じ。）であって、1歳（第5条第2項に該当する場合にあっては、1歳2か月）に満たない子と同居し、養育する者は、この章に定めるところにより育児休業<u>（第3章に定める「出生時育児休業」を除く。）</u>をすることができる。ただし、期間契約従業員にあっては、<u>子が1歳6か月（第5条第4項に基づく休業の申出にあっては2歳）に達する日までの間に、その労働契約（労働契約が更新される場合にあっては、更新後のもの）が満了することが明らかでない者に限り、</u>育児休業をすることができる。

〈アドバイス〉

①　改正により創設される「出生時育児休業」は従来の育児休業
　とは異なる部分があるため、従来の育児休業とは分けて別の章
　で定めることにします。

②　従来、期間契約従業員の育児休業の申し出要件の一つであっ
　た「期間契約従業員は入社1年以上であること。」は削除しま
　す。

2　第1項の規定にかかわらず、労使協定により除外された次の従
　業員からの休業の申出は拒むことができる。

⑴　入社1年未満の従業員

⑵　申出の日から起算して1年以内（第5条第3項及び第4項に
　基づく休業の場合は、6か月以内）に雇用関係が終了すること
　が明らかな従業員

⑶　1週間の所定労働日数が2日以下の従業員

3　育児休業の対象となる子には実子、養子の他、以下の者も含ま
　れる。

⑴　特別養子縁組の監護期間中の子

⑵　養子縁組里親に委託されている子

⑶　養育里親に委託されている子

> 1歳を超えた延長期間の途中から交代で育休を開始することができるようになったための文言修正

（育児休業の申出の手続等）

第3条　育児休業をすることを希望する従業員は、原則として育児
　休業を開始しようとする日（以下「育児休業開始予定日」という。）
　の1か月前（第5条第3項に基づく1歳の誕生日から休業を開始
　する申出を子が1歳に達する日以前の日に行う場合及び第5条第
　4項に基づく1歳6か月の誕生日応当日から休業を開始する申出
　を子が1歳6か月に達する日以前の日に行う場合は、2週間前）
　までに育児休業申出書を会社に提出することにより申し出るもの
　とする。なお、育児休業中の期間契約従業員が労働契約を更新す

るに当たり、引き続き休業を希望する場合には、更新された労働契約期間の初日を育児休業開始予定日として、育児休業申出書により再度の申出を行うものとする。

〈アドバイス〉

　子が1歳の誕生日（1歳6カ月の誕生日応当日）の翌日以後に休業を開始できることとなり、その場合、育児休業開始予定日の2週間前までに申し出ることとされました。したがって「子が1歳（1歳6か月）に達する日以前の日に休業を開始する申出を行う場合」の記載が追加されることとなりました。

2　第1項の規定にかかわらず、次の場合には、従業員は、休業開始予定日の1週間前までに育児休業申出書を会社に提出することにより、育児休業の申出をすることができる。

⑴　出産予定日前に子が出生したとき

⑵　配偶者が死亡したとき

⑶　配偶者が負傷、疾病等により子を養育することが困難になったとき

⑷　配偶者が子と同居しないこととなったとき

⑸　子が負傷、疾病等により2週間以上の期間にわたり世話が必要となったとき　育児休業の申し出を「1回に限る」から「2回に限る」に修正

⑹　保育所等に入所を希望しているが、入所できないとき

3　育児休業の申出は、同じ子について~~1~~2回限りとする。ただし、次の場合にあっては、この限りでない。

〈アドバイス〉

　従来、育児休業の申し出は、同一の子について1回に限り認められていましたが、改正により2回に分割して申し出ることができることになりました。また、出生時育児休業の申し出についてはこの2回には含まない取り扱いになります。

⑴　第5条第1項に基づく休業をした者が、第5条第3項又は第4項に基づく休業の申出をしようとするとき又は第5条第3項

に基づく休業をした者が第5条第4項に基づく休業の申出をし
ようとするとき　<u>パパ休暇廃止により削除</u>

(2)　本条第1項後段の申出をしようとするとき

(3)　~~子が生まれた日又は出産予定日のいずれか遅い日から起算して8週間を経過する日の翌日までに、産後休業をしていない従業員が育児休業をしているとき~~

　　　産前産後休業又は新たな育児休業、<u>出生時育児休業</u>の開始により育児休業期間が終了した場合で、産前産後休業又は育児休業、<u>出生時育児休業</u>の対象となった子が、死亡し、又は従業員と同居しないこととなったとき

(4)　介護休業の開始により育児休業期間が終了した場合で、介護休業の対象となった対象家族が死亡し、又は当該対象家族について従業員との親族関係が消滅したとき

(5)　配偶者が、死亡し、若しくは負傷、疾病等により子を養育することが困難な状態になり、又は子と同居しないこととなったとき

(6)　子が負傷、疾病等により2週間以上の期間にわたり世話が必要となったとき

(7)　保育所等に入所を希望しているが、入所できないとき

〈アドバイス〉
　パパ休暇規定は出生時育児休業の創設に伴い廃止になりましたので削除する一方、出生時育児休業に係る項目を追加します。

4　会社は、育児休業申出書を受け取るに当たり、必要最小限度の各種証明書の提出を求めることがある。

5　育児休業申出書が提出されたときは、会社は速やかに当該育児休業申出書を提出した者（以下この章において「申出者」という。）に対し、育児休業取扱通知書を交付する。

6　申出の日後に申出に係る子が出生したときは、申出者は、出生後2週間以内に会社に育児休業対象児出生届を提出しなければな

らない。

（育児休業の申出の撤回等）

撤回の場合の取り扱いの追加

第4条　申出者は、育児休業開始予定日の前日までは、育児休業申
出撤回届を会社に提出することにより、育児休業の申出を撤回す
ることができる。ただし、申出を撤回した場合については、撤回
された当該申出に係る育児休業を取得したものとみなす。

2　育児休業の申出を撤回した者が、既に2回目の育児休業（前項の
規定に基づき取得したものとみなされた休業を含む）を取得して
いるときは、次の場合を除き、同一の子については再度申出をする
ことができない。ただし、第2条第1項に基づく休業の申出を撤回
した者であっても、第5条第3項及び第4項に基づく休業の申出
をすることができ、第5条第3項に基づく休業の申出を撤回した
者であっても同条第4項に基づく休業の申出をすることができる。

⑴　配偶者が、死亡し、若しくは負傷、疾病等により子を養育す
ることが困難な状態になり、又は子と同居しないこととなった
とき

⑵　子が負傷、疾病等により2週間以上の期間にわたり世話が必
要となったとき

⑶　保育所等に入所を希望しているが、入所できないとき

3　育児休業申出撤回届が提出されたときは、会社は速やかに当該
育児休業申出撤回届を提出した者に対し、育児休業取扱通知書を
交付する。

4　育児休業開始予定日の前日までに、子の死亡等により申出者が
休業申出に係る子を養育しないこととなったとき、又は第5条第
2項の規定により1歳を超えて育児休業をする場合において配偶
者が育児休業をしていないときは、育児休業の申出はされなかっ
たものとみなす。この場合において、申出者は、原則として当該
事由が発生した日に、会社にその旨を通知しなければならない。

〈アドバイス〉

① 改正により、育児休業の分割取得が可能となったため、育児休業の申し出を撤回した場合については、撤回された申し出に係る育児休業を取得したものとみなすことになりました。

② 育児休業の申し出を撤回した場合に、既に2回の育児休業を取得しているときは特別の事情がない限り再度の申し出はできません。

> 1歳6カ月までの延長期間
> 中の育休開始予定日の追加

（育児休業の期間等）

> 1歳から1歳6カ月までの延長事由

第5条 育児休業の期間は、原則として、子が1歳に達するまでを限度として育児休業申出書に記載された期間とする。

2 第1項の規定にかかわらず、その配偶者が子が1歳に達するまでの育児休業をしている従業員が、子の1歳の誕生日以前に育児休業を開始した場合（当該従業員が、当該配偶者より先に育児休業を開始した場合を除く。）の育児休業の期間の限度は、子が1歳2か月に達するまでとする。ただし、当該従業員又は配偶者のいずれも1年間（母親の産後休業期間を含む。）を超えて育児休業をすることはできない。（以下「パパ・ママ育休プラス」という。）

3 従業員は、その養育する1歳から1歳6か月に達するまでの子について、次の各号のいずれにも該当（特別の事情のある場合(2)のみに該当。）する場合に限り、申出により、育児休業をすることができる。なお、育児休業開始予定日は、子の1歳の誕生日又は申出をする従業員の配偶者が育児休業をする場合には、当該育児休業に係る育児休業終了予定日の翌日以前の日とする。

(1) 子が1歳に達する日（前項に該当する場合にあっては、子が1歳に達する日後の育児休業を終了しようとする日（以下「育児休業終了予定日」という。）において、本人又はその配偶者が育児休業をしている場合

(2)　子の1歳到達日後の期間について休業することが雇用の継続
のために特に必要と認められる場合として以下のいずれかに該
当する場合

①　保育所等に入所を希望しているが、入所できない場合

②　従業員の配偶者であって、子の1歳の誕生日以後に子の養
育に当たる予定であった者が、次のいずれかに該当した場合

ⅰ　死亡したとき

ⅱ　負傷、疾病等により子を養育することが困難な状態に
なったとき

ⅲ　子と同居しないこととなったとき

ⅳ　6週間（多胎妊娠の場合にあっては、14週間）以内に
出産する予定であるか又は産後8週間を経過しないとき

③　産前産後休業又は新たな育児休業、出生時育児休業の開始
により育児休業期間が終了した場合で、産前産後休業又は育
児休業、出生時育児休業の対象となった子が、死亡し、又は
従業員と同居しないこととなったとき

④　介護休業の開始により育児休業期間が終了した場合で、介
護休業の対象となった対象家族が死亡し、又は当該対象家族
について従業員との親族関係が消滅したとき

(3)　子の1歳到達日後の期間において、この項の規定による申出
により育児休業をしたことがない場合

(3)は原則再度の申し出
ができないとする規定

〈アドバイス〉

改正により、1歳到達日以後の育児休業の開始日に「配偶者の
育児休業終了予定日の翌日以前の日」が加わることで、子の1歳
到達日後の育児休業延長期間の途中での父母の育児休業の交代が
可能となりました。

1歳6カ月から2歳までの延長事由

2歳までの延長期間中の
育休開始予定日の追加

4　従業員は、その養育する1歳6か月から2歳に達するまでの子について、次の各号のいずれにも該当（特別の事情のある場合(2)のみに該当。）する場合に限り、申出により、育児休業をすることができる。なお、育児休業開始予定日は、子が1歳6か月の誕生日応当日又は申出をする従業員の配偶者が育児休業をする場合には、当該育児休業に係る育児休業終了予定日の翌日以前の日とする。

(1)　子が1歳6か月に達する日（前項に該当する場合にあっては、子が1歳に達する日後の育児休業終了予定日）において、本人又はその配偶者が育児休業をしている場合

(2)　子の1歳6か月到達日後の期間について休業することが雇用の継続のために特に必要と認められる場合として以下のいずれかに該当する場合

①　保育所等に入所を希望しているが、入所できない場合

②　従業員の配偶者であって、子の1歳6か月の誕生日応当日以後に子の養育に当たる予定であった者が、次のいずれかに該当した場合

ⅰ　死亡したとき

ⅱ　負傷、疾病等により子を養育することが困難な状態になったとき

ⅲ　子と同居しないこととなったとき

ⅳ　6週間（多胎妊娠の場合にあっては、14週間）以内に出産する予定であるか又は産後8週間を経過しないとき

③　産前産後休業又は新たな育児休業、出生時育児休業の開始により育児休業期間が終了した場合で、産前産後休業又は育児休業、出生時育児休業の対象となった子が、死亡し、又は従業員と同居しないこととなったとき

④　介護休業の開始により育児休業期間が終了した場合で、介護休業の対象となった対象家族が死亡し、又は当該対象家族について従業員との親族関係が消滅したとき

┌──(3)は原則再度の申し出ができないとする規定

(3)　子の1歳6か月到達日後の期間において、この項の規定による申出により育児休業をしたことがない場合

5　第1項の規定にかかわらず、会社は、育児・介護休業法の定めるところにより育児休業開始予定日の指定を行うことができる。

6　第3条第2項各号に規定する事由が生じた場合、従業員は、育児休業期間変更申出書により会社に、育児休業開始予定日の1週間前までに申し出ることにより、1回に限り育児休業開始予定日の繰上げ変更をすることができる。

7　従業員は、育児休業期間変更申出書により会社に、育児休業終了予定日の1か月前（第3項及び第4項に基づく休業をしている場合は、2週間前）までに申し出ることにより、1回に限り育児休業終了予定日の繰下げ変更を行うことができる。なお、第3項及び第4項に基づく休業の場合には、第2条第1項に基づく休業とは別に、子の1歳の誕生日から子が1歳6か月に達するまで及び子の1歳6か月の誕生日応当日から2歳に達するまでの期間内で、それぞれ1回、育児休業終了予定日の繰下げ変更を行うことができる。

8　育児休業期間変更申出書が提出されたときは、会社は速やかに当該育児休業期間変更申出書を提出した者に対し、育児休業取扱通知書を交付する。

┌──1歳6カ月または2歳までの延長期間中の育児休業の再度の申し出が可能となる特別の事情の追加

9　第3項及び第4項に定める特別の事情として以下に該当する場合で、第3項(2)、又は第4項(2)に定める雇用の継続のために特に必要と認められる場合のいずれかに該当する場合に、1歳から1歳6か月に達するまでの子について及び1歳6か月から2歳に達

するまでの子について（再度の）育児休業をすることができる。

(1)　産前産後休業又は新たな育児休業、出生時育児休業の開始により育児休業期間が終了した場合で、産前産後休業又は育児休業、出生時育児休業の対象となった子が、死亡し、又は従業員と同居しないこととなったとき

(2)　介護休業の開始により育児休業期間が終了した場合で、介護休業の対象となった対象家族が死亡し、又は当該対象家族について従業員との親族関係が消滅したとき

〈アドバイス〉

　従来、１歳到達日後および１歳６カ月到達日後の育児休業については、再度の申し出はできませんでしたが、改正により雇用の継続のために特に必要と認められる場合（129 ページ(2)の延長要件）で、特別の事情がある場合については、再度の申し出を行うことができることになりました（１歳到達日前に育児休業が特別の事情で終了した場合についても、１歳から１歳６カ月に達するまでの子についておよび１歳６カ月から２歳に達するまでの子について育児休業の申し出をすることができることになりました）。

10　次の各号に掲げるいずれかの事由が生じた場合には、育児休業は終了するものとし、当該育児休業の終了日は当該各号に掲げる日とする。なお(1)の事由が生じた場合には、申出者は原則として当該事由が生じた日に会社にその旨を通知しなければならない。

(1)　子の死亡等育児休業に係る子を養育しないこととなった場合
　　　当該事由が発生した日（なお、この場合において本人が出勤する日は、事由発生の日から２週間以内であって、会社と本人が話し合いの上決定した日とする。）

(2)　育児休業に係る子が１歳に達した場合等
　　　子が１歳に達した日（第５条第３項に基づく休業の場合は、子が１歳６か月に達した日又は第５条第４項に基づく休業の場合は、子が２歳に達した日）

(3)　申出者について、産前産後休業、介護休業又は新たな育児休業期間、出生時育児休業期間が始まった場合
　　産前産後休業、介護休業又は新たな育児休業、出生時育児休業期間の開始日の前日

(4)　パパ・ママ育休プラスの場合において産後休業期間と育児休業期間及び出生時育児休業期間の合計が1年に達した場合
　　当該1年に達した日

第3章　出生時育児休業制度

（出生時育児休業の申出・対象者）

第6条　子の出生日又は出産予定日のいずれか遅い日から起算して8週間を経過する日の翌日まで子と同居し、養育する従業員は、4週間以内の期間を定めて、2回まで合計28日を限度として出生時育児休業をすることができる。ただし、期間契約従業員は、子の出生の日（出産予定日前に子が出生した場合にあっては、出産予定日）から起算して8週間を経過する日の翌日から6か月を経過する日までに、その労働契約が満了することが明らかでない者に限り、当該申出をすることができる。

〈アドバイス〉
　期間を定めて雇用される従業員については、上記の要件に該当しない場合、労使協定に規定しなくても出生時育児休業の対象から除外可能です。規定せずに対象とする扱いでも構いません。

2　前項にかかわらず、労使協定に規定する以下のいずれかの要件に該当する従業員は出生時育児休業の申出をすることはできない。

(1)　引き続き雇用された期間が1年未満の従業員

(2)　申出の日から起算して8週間以内に雇用関係が終了することが明らかな従業員

(3)　1週間の所定労働日数が2日以下の従業員

〈アドバイス〉

　(1)～(3)に該当する従業員を出生時育児休業の対象から除外する場合は、別途労使協定を締結する必要があります。現行の協定内容を確認の上、加筆・再締結してください。

3　第1項の規定にかかわらず、従業員は、次の各号のいずれかに該当する場合には、出生時育児休業の申出をすることができない。

⑴　子の出生の日（出産予定日後に子が出生した場合は、出産予定日。以下、本項において同じ。）から起算して8週間を経過する日の翌日までの期間内に2回の出生時育児休業をした場合

⑵　子の出生の日以後に出生時育児休業をする日数が28日に達している場合

4　出生時育児休業を希望する従業員は、原則2週間前までに、書面の提出、FAX又は電子メール等の送信により、初日（以下「出生時育児休業開始予定日」という。）及び末日（以下「出生時育児休業終了予定日」という。）を明らかにして所定の事項を申し出ることとする。

　なお、2回に分割して取得する場合は、それぞれの開始予定日と終了予定日をまとめて申し出なければならないものとする。まとめて申し出なかった場合は、会社は後の申出に係る休業を認めないことがある。

〈アドバイス〉

　申し出期限「2週間」は、「雇用環境の整備に関する労使協定」を定めた場合には、労使協定で定めた「2週間を超え1か月以内の期間」に置き換えて規定してください。

5　会社は、出生時育児休業が申し出されたときは、速やかに当該申出者に対し、その取扱いに関する通知書を交付する。

（出生時育児休業期間の変更及び休業の撤回）

第7条　従業員は出産予定日前に子が出生したこと等特別の事由が

生じた場合に、1週間前までに会社に変更の申出をすることにより、1回に限り、出生時育児休業開始予定日を当初の開始予定日から繰り上げることができる。また従業員は、事由を問わず、2週間前までに会社に変更の申出をすることにより、1回に限り、出生時育児休業終了予定日を当初の終了予定日から繰り下げることができる。

〈アドバイス〉

　出生時育児休業は通常の育児休業と同じく「開始日の繰り下げ」「終了日の繰り上げ」を認めることを義務づける法規定はありません。ただし、対象の子を予定日以降に出産した場合などでニーズがあるため、認める旨の規定を設けるかどうか検討が必要です。

2　出生時育児休業の申出をした従業員は、出生時育児休業開始予定日の前日までは、当該申出を撤回することができる。ただし、申出を撤回した場合については、当該申出に係る出生時育児休業を1回取得したものとみなす。

3　会社は、前2項の申出がなされたときは、速やかに当該申出者に対し、その取扱いに関する通知書を交付する。

4　出生時育児休業開始予定日の前日までに、子の死亡等により出生時育児休業申出者が出生申出に係る子を養育しないこととなった場合には、出生時育児休業は申し出されなかったものとみなす。この場合において、出生時育児休業申出者は速やかに会社にその旨を通知しなければならない。

（出生時育児休業期間等）

第8条　出生時育児休業をすることができる期間（以下「出生時育児休業期間」という。）は、出生時育児休業開始予定日とされた日から出生時育児休業終了予定日とされた日までの間とする。

2　前項の規定にかかわらず、出生時育児休業は次の各号のいずれかの事由が生じた場合は終了するものとし、当該出生時育児休業

の終了日は、各号に掲げる日とする。

⑴　子の死亡等、休業に係る子を養育しないこととなったとき：当該事由が発生した日

⑵　対象となる子の出生日の翌日又は出産予定日の翌日のいずれか遅いほうから8週間を経過したとき：当該8週間を経過した日

⑶　子の出生日（出産予定日後に出生した場合は出産予定日）以後に出生時育児休業の日数が28日に達した日：当該28日に達した日

⑷　出生時育児休業申出者について産前・産後休業、育児休業、介護休業又は新たな出生時育児休業が始まった場合：当該新たな休業開始日の前日

（出生時育児休業中の就業）

第9条　出生時育児休業の申出をした従業員（労使協定で、出生時育児休業期間中に就業させることができるものとして定められた従業員に限る。）は、出生時育児休業開始予定日とされた日の前日までの間、出生時育児休業期間において就業することができる日及び就業可能日における就業可能な時間帯その他の労働条件を会社に申し出ることができる。ただし、従業員は以下の全ての基準を満たす範囲内で就業可能日及び就業可能時間帯その他の労働条件を申し出なければならない。

⑴　就業日数の合計は、出生時育児休業期間の所定労働日数の2分の1以下とする。ただし、1日未満の端数があるときは、これを切り捨てた日数とする。

⑵　就業日における労働時間の合計は、出生時育児休業期間における所定労働時間の合計の2分の1以下とする。

⑶　出生時育児休業開始予定日とされた日又は出生時育児休業終了予定日とされた日を就業日とする場合は、当該日の所定労働

時間数に満たない労働時間とする。

〈アドバイス〉

　出生時育児休業中の就業はあくまで任意的な制度なので、規定しなくても問題はありません。規定する場合は、事前に労使協定を締結する必要がありますが、協定には最低限「対象となる従業員の範囲（出生時育児休業中に就労できる者の範囲）」は規定しておく必要があります。

　なお、範囲を規定するに当たって、「雇用区分（正社員 or 契約社員 等）」を基準とすることは、期間の定めのある社員との不合理な待遇差とされる可能性があるため、不適当と考えられます。

　また、必須ではありませんが、就業可能日および就業可能時間帯は上限があるため、希望とのギャップが生じないように規程上に明記しておくことも考えられます。

2　前項の規定による申出をした従業員は、出生時育児休業開始予定日の前日までは、就業可能日等の変更、又は当該申出の撤回を会社に申し出ることができる。

　なお、出生時育児休業開始日以降は、次の各号に規定する特別な事情がある場合に限り、同意した就業日等の全部又は一部の撤回を会社に申し出ることができる。

⑴　出生時育児休業申出に係る子の親である配偶者の死亡

⑵　配偶者が負傷、疾病又は身体上若しくは精神上の障害その他これらに準ずる心身の状況により出生時育児休業申出に係る子を養育することが困難な状態になったこと

⑶　婚姻の解消その他の事情により配偶者が出生時育児休業申出に係る子と同居しないこととなったこと

⑷　出生時育児休業申出に係る子が負傷、疾病又は身体上若しくは精神上の障害その他これらに準ずる心身の状況により、2週間以上の期間にわたり世話を必要とする状態になったこと

〈アドバイス〉

　休業中の就業申し出の撤回は、原則として休業開始予定日前に申し出る必要があります。休業開始日以降になってしまうと、特別な事情がない場合、撤回を拒否することができます。

3　会社は、従業員から第1項の申出及び第2項の変更の申出があった場合には、当該申出に係る就業可能日等の範囲内で日時を提示し、出生時育児休業開始予定日の前日までに当該従業員の同意を得た場合に限り就業させることができる。

4　会社は、前項の従業員の同意を得た旨、及び就業させることとした日時その他の労働条件を通知する。通知は、書面の提出（交付）、又は同意を得た場合に限りFAX又は電子メール等の送信のいずれかの方法によって行うものとする。

5　会社は次の全ての基準を満たす範囲内で就業日及び就業時間帯の提示を行うものとする。

⑴　就業日数の合計は、出生時育児休業期間の所定労働日数の2分の1以下とする。ただし、1日未満の端数があるときは、これを切り捨てた日数とする。

⑵　就業日における労働時間の合計は、出生時育児休業期間における所定労働時間の合計の2分の1以下とする。

⑶　出生時育児休業開始予定日とされた日又は出生時育児休業終了予定日とされた日を就業日とする場合は、当該日の所定労働時間数に満たない労働時間とする。

〈アドバイス〉

　労使協定や社内書式にも、上記の基準を明記すると運用上で間違いが生じにくいと思います。また、午前のみまたは午後のみの勤務しか認めないなど、休業中の就業に関する独自ルールを設定する場合もこの部分に追記が必要です（例：就業日は9：00～12：00、13：00～18：00までのいずれかの時間帯を選択して就労しなければならない）。

第4章　介護休業制度

（介護休業の対象者）

第10条　要介護状態にある家族を介護する従業員（日雇従業員を除く。）は、この規則に定めるところにより介護休業をすることができる。ただし、介護休業を開始しようとする日（以下「介護休業開始予定日」という。）から起算して93日を経過する日から6か月を経過する日までに、その労働契約（労働契約が更新される場合にあっては、更新後のもの）が満了することが明らかでない者に限る。

〈アドバイス〉

　従来、期間契約従業員の介護休業の申し出要件の一つであった「期間契約従業員は入社1年以上であること。」は削除します。

2　第1項の規定にかかわらず、労使協定により除外された次の従業員からの休業の申出は拒むことができる。

⑴　入社1年未満の従業員

⑵　申出の日から起算して93日以内に雇用関係が終了することが明らかな従業員

⑶　1週間の所定労働日数が2日以下の従業員

3　本規則において「要介護状態にある家族」とは、負傷、疾病又は身体上若しくは精神上の障害により、2週間以上の期間にわたり常時介護を必要とする状態にある次の者をいう。

⑴　配偶者、父母、子及び配偶者の父母

⑵　祖父母、兄弟姉妹又は孫

⑶　上記以外の家族で会社が認めた者

（介護休業の申出の手続等）

第11条　介護休業をすることを希望する従業員は、原則として介護休業開始予定日の2週間前までに、介護休業申出書を会社に提出することにより申し出るものとする。なお、介護休業中の期間

契約従業員が労働契約を更新するに当たり、引き続き休業を希望する場合には、更新された労働契約期間の初日を介護休業開始予定日として、介護休業申出書により再度の申出を行うものとする。

2　介護休業の申出は、特別な事情がない限り、93日を限度として対象家族1人につき3回までとする。以下の申出をしようとする場合にあっては、この限りでない。

⑴　本条第1項後段の申出をしようとするとき

⑵　新たな介護休業の開始により介護休業期間が終了した場合で、その新たな介護休業の対象となった対象家族が死亡し、又は当該対象家族について従業員との親族関係が消滅したとき

⑶　産前産後休業又は育児休業の開始により介護休業期間が終了した場合で、産前産後休業又は育児休業の対象となった子が、死亡し、又は従業員と同居しないこととなったとき

3　会社は、介護休業申出書を受け取るに当たり、必要最小限度の各種証明書の提出を求めることがある。

4　介護休業申出書が提出されたときは、会社は速やかに当該介護休業申出書を提出した者(以下この章において「申出者」という。)に対し、介護休業取扱通知書を交付する。

（介護休業の申出の撤回等）

第12条　申出者は、介護休業開始予定日の前日までは、介護休業申出撤回届を会社に提出することにより、介護休業の申出を撤回することができる。

2　同一の対象家族について介護休業申出が撤回され、撤回後最初の介護休業の申出も撤回された場合、その後の介護休業の申出については、会社は、これを拒むことができる。

3　介護休業申出撤回届が提出されたときは、会社は速やかに当該介護休業申出撤回届を提出した者に対し、介護休業取扱通知書を交付する。

4　介護休業開始予定日の前日までに、申出に係る家族の死亡等により申出者が家族を介護しないこととなった場合には、介護休業の申出はされなかったものとみなす。この場合において、申出者は、原則として当該事由が発生した日に、会社にその旨を通知しなければならない。

（介護休業の期間等）

第13条　介護休業の期間は、対象家族1人につき、原則として、通算93日間の範囲内で、介護休業申出書に記載された期間とし、その回数は、同一家族について、3回までとする。

2　第1項の規定にかかわらず、会社は、育児・介護休業法の定めるところにより介護休業開始予定日の指定を行うことができる。

3　従業員は、介護休業期間変更申出書により、介護休業を終了しようとする日（以下「介護休業終了予定日」という。）の2週間前までに会社に申し出ることにより、介護休業終了予定日の繰下げ変更を行うことができる。この場合において、介護休業開始予定日から変更後の介護休業終了予定日までの期間は通算93日の範囲を超えないことを原則とする。

4　介護休業期間変更申出書が提出されたときは、会社は速やかに当該介護休業期間変更申出書を提出した者に対し、介護休業取扱通知書を交付する。

5　次の各号に掲げるいずれかの事由が生じた場合には、介護休業は終了するものとし、当該介護休業の終了日は当該各号に掲げる日とする。なお、(1)の事由が生じた場合には、申出者は原則として当該事由が生じた日に会社にその旨を通知しなければならない。

(1)　家族の死亡等介護休業に係る家族を介護しないこととなった場合

　　当該事由が発生した日（なお、この場合において本人が出勤

する日は、事由発生の日から２週間以内であって、会社と本人が話し合いの上決定した日とする。）

(2)　申出者について、産前産後休業、育児休業、出生時育児休業又は新たな介護休業が始まった場合

産前産後休業、育児休業、出生時育児休業又は新たな介護休業の開始日の前日

第５章　子の看護休暇及び介護休暇

（子の看護休暇）

第14条　小学校就学前の子を養育する従業員（日雇従業員を除く。）は、負傷し、若しくは疾病にかかった当該子の世話をし、又は当該子に予防接種若しくは健康診断を受けさせるために、就業規則第○条に規定する年次有給休暇とは別に、４月１日から翌年３月31日までの１年度につき５日（当該子が２人以上の場合にあっては、10日）を限度として、子の看護休暇を取得することができる。ただし、労使協定によって除外された次の従業員はこの限りでない。

(1)　入社６か月未満の従業員

(2)　１週間の所定労働日数が２日以下の従業員

(3)　業務の性質又は業務の実施体制に照らして、時間単位の休暇を取得することが困難と認められる業務に従事する従業員（時間単位で取得しようとする者に限る）

2　子の看護休暇は、１日又は時間単位で取得することができる。

3　子の看護休暇は、時間単位で始業時刻から連続又は終業時刻まで連続して取得することができる。

4　子の看護休暇を取得しようとする者は、原則として、事前に会社に申し出るものとする。

5　給与は休暇取得部分については無給とし、賞与、定期昇給及び退職金の算定に当たっては、取得期間は通常の勤務をしたものと

みなす。

〈アドバイス〉

　令和3年1月1日から、子の看護休暇は時間単位での取得が可能となっています。

（介護休暇）

第15条　要介護状態にある対象家族を介護する従業員（日雇従業員を除く。）は、要介護状態にある対象家族を介護し、又は対象家族の通院等の付き添い、対象家族が介護サービスの提供を受けるために必要な手続の代行その他の対象家族に必要な世話をするために、就業規則第○条に規定する年次有給休暇とは別に、4月1日から翌年3月31日までの1年度につき5日（対象家族が2人以上の場合にあっては、10日）を限度として、介護休暇を取得することができる。ただし、労使協定によって除外された次の従業員はこの限りでない。

⑴　入社6か月未満の従業員

⑵　1週間の所定労働日数が2日以下の従業員

⑶　業務の性質又は業務の実施体制に照らして、時間単位の休暇を取得することが困難と認められる業務に従事する従業員（時間単位で取得しようとする者に限る）

2　介護休暇は、1日又は時間単位で取得することができる。

3　介護休暇は、時間単位で始業時刻から連続又は終業時刻まで連続して取得することができる。

4　介護休暇を取得しようとする者は、原則として、事前に会社に申し出るものとする。

5　給与は休暇取得部分については無給とし、賞与、定期昇給及び退職金の算定に当たっては、取得期間は通常の勤務をしたものとみなす。

〈アドバイス〉

　令和３年１月１日から、介護休暇は時間単位での取得が可能となっています。

第６章　所定外労働の制限、時間外労働及び深夜業の制限

（育児のための所定外労働の制限）

第16条　３歳に満たない子を養育する従業員（日雇従業員を除く。）が当該子を養育するために請求した場合には、就業規則第○条の規定及び時間外労働に関する協定にかかわらず、事業の正常な運営に支障がある場合を除き、所定労働時間を超えて労働をさせることはない。ただし、労使協定によって除外された次の従業員はこの限りでない。

⑴　入社１年未満の従業員

⑵　１週間の所定労働日数が２日以下の従業員

２　所定外労働の制限を請求しようとする者は、１回につき、１か月以上１年以内の期間（以下この条において「制限期間」という。）について、制限を開始しようとする日（以下この条において「制限開始予定日」という。）及び制限を終了しようとする日を明らかにして、原則として、制限開始予定日の１か月前までに、育児のための所定外労働制限請求書を会社に提出するものとする。なお、この場合において、当該制限期間は、第18条に定める時間外労働の制限期間と重複しないようにしなければならない。

３　会社は、所定外労働制限請求書を受け取るに当たり、必要最小限度の各種証明書の提出を求めることがある。

４　請求の日後に請求に係る子が出生したときは、所定外労働制限請求書を提出した者（以下この条において「請求者」という。）は、出生後２週間以内に会社に所定外労働制限対象児出生届を提出しなければならない。

５　制限開始予定日の前日までに、請求に係る子の死亡等により請

求者が子を養育しないこととなった場合には、請求されなかった
ものとみなす。この場合において、請求者は、原則として当該事
由が発生した日に、会社にその旨を通知しなければならない。

6　次の各号に掲げるいずれかの事由が生じた場合には、制限期間
は終了するものとし、当該制限期間の終了日は当該各号に掲げる
日とする。なお、⑴の事由が生じた場合には、請求者は原則とし
て当該事由が生じた日に会社にその旨を通知しなければならな
い。

⑴　子の死亡等制限に係る子を養育しないこととなった場合
　　当該事由が発生した日

⑵　制限に係る子が３歳に達した場合
　　子が３歳に達した日

⑶　請求者について、産前産後休業、育児休業、出生時育児休業
又は介護休業が始まった場合
　　産前産後休業、育児休業、出生時育児休業又は介護休業の開
始日の前日

（介護のための所定外労働の制限）

第17条　要介護状態にある家族を介護する従業員（日雇従業員を
除く。）が対象家族を介護するために請求した場合には、事業の
正常な運営に支障がある場合を除き、所定労働時間を超えて労働
をさせることはない。

2　第１項にかかわらず、労使協定によって除外された次の従業員
からの所定外労働の制限の請求は拒むことができる。

⑴　入社１年未満の従業員

⑵　１週間の所定労働日数が２日以下の従業員

3　請求をしようとする者は、１回につき、１か月以上１年以内の
期間（以下この条において「制限期間」という。）について、制
限を開始しようとする日（以下この条において「制限開始予定日」

という。）及び制限を終了しようとする日を明らかにして、原則
として、制限開始予定日の1か月前までに、介護のための所定外
労働制限請求書を会社に提出するものとする。この場合において、
制限期間は、第18条に定める時間外労働の制限期間と重複しな
いようにしなければならない。

4　会社は、所定外労働制限請求書を受け取るに当たり、必要最小
限度の各種証明書の提出を求めることがある。

5　制限開始予定日の前日までに、請求に係る家族の死亡等により
請求者が対象家族を介護しないこととなった場合には、請求はさ
れなかったものとみなす。この場合において、請求者は、原則と
して当該事由が発生した日に、会社にその旨を通知しなければな
らない。

6　次の各号に掲げるいずれかの事由が生じた場合には、制限期間
は終了するものとし、当該制限期間の終了日は当該各号に掲げる
日とする。

⑴　家族の死亡等制限に係る対象家族を介護しないこととなった
場合

　　当該事由が発生した日

⑵　請求者について、産前産後休業、育児休業、出生時育児休業
又は介護休業が始まった場合

　　産前産後休業、育児休業、出生時育児休業又は介護休業の開
始日の前日

7　第6項⑴の事由が生じた場合には、請求者は原則として当該事
由が生じた日に、会社にその旨を通知しなければならない。

（育児又は介護のための時間外労働の制限）
第18条　小学校就学前の子を養育する従業員（日雇従業員を除く。）
が当該子を養育するため又は要介護状態にある家族を介護する従
業員が当該家族を介護するために請求した場合には、就業規則第

○条の規定及び時間外労働に関する協定にかかわらず、事業の正常な運営に支障がある場合を除き、1か月について24時間、1年について150時間を超えて時間外労働をさせることはない。ただし、次の従業員はこの限りでない。

(1)　入社1年未満の従業員

(2)　1週間の所定労働日数が2日以下の従業員

2　時間外労働の制限を請求しようとする者は、1回につき、1か月以上1年以内の期間（以下この条において「制限期間」という。）について、制限を開始しようとする日（以下この条において「制限開始予定日」という。）及び制限を終了しようとする日を明らかにして、原則として、制限開始予定日の1か月前までに、育児・介護のための時間外労働制限請求書を会社に提出するものとする。なお、この場合において、当該制限期間は、第16条及び第17条に定める所定外労働の制限期間と重複しないようにしなければならない。

3　会社は、時間外労働制限請求書を受け取るに当たり、必要最小限度の各種証明書の提出を求めることがある。

4　請求の日後に請求に係る子が出生したときは、時間外労働制限請求書を提出した者（以下この条において「請求者」という。）は、出生後2週間以内に会社に時間外労働制限対象児出生届を提出しなければならない。

5　制限開始予定日の前日までに、請求に係る子又は家族の死亡等により請求者が子を養育又は家族を介護しないこととなった場合には、請求されなかったものとみなす。この場合において、請求者は、原則として当該事由が発生した日に、会社にその旨を通知しなければならない。

6　次の各号に掲げるいずれかの事由が生じた場合には、制限期間は終了するものとし、当該制限期間の終了日は当該各号に掲げる日とする。なお、(1)の事由が生じた場合には、請求者は原則とし

て当該事由が生じた日に会社にその旨を通知しなければならない。

⑴　子又は家族の死亡等制限に係る子を養育又は家族を介護しないこととなった場合

　　当該事由が発生した日

⑵　制限に係る子が小学校就学の始期に達した場合

　　子が6歳に達する日の属する年度の3月31日

⑶　請求者について、産前産後休業、育児休業、出生時育児休業又は介護休業が始まった場合

　　産前産後休業、育児休業、出生時育児休業又は介護休業の開始日の前日

（育児・介護のための深夜業の制限）

第19条　小学校就学前の子を養育する従業員（日雇従業員を除く。）が当該子を養育するため又は要介護状態にある家族を介護する従業員が当該家族を介護するために請求した場合には、就業規則第○条の規定にかかわらず、事業の正常な運営に支障がある場合を除き、午後10時から午前5時までの間（以下「深夜」という。）に労働させることはない。ただし、次の従業員はこの限りでない。

⑴　入社1年未満の従業員

⑵　請求に係る家族の16歳以上の同居の家族が次のいずれにも該当する従業員

　①　深夜において就業していない者（1か月について深夜における就業が3日以下の者を含む。）であること

　②　心身の状況が請求に係る子の保育又は家族の介護をすることができる者であること

　③　6週間（多胎妊娠の場合にあっては、14週間）以内に出産予定でないか、又は産後8週間以内でない者であること

⑶　1週間の所定労働日数が2日以下の従業員

⑷　所定労働時間の全部が深夜にある従業員

2　深夜業の制限を請求しようとする者は、1回につき、1か月以上6か月以内の期間（以下この条において「制限期間」という。）について、制限を開始しようとする日（以下この条において「制限開始予定日」という。）及び制限を終了しようとする日を明らかにして、原則として、制限開始予定日の1か月前までに、育児・介護のための深夜業制限請求書を会社に提出するものとする。

3　会社は、深夜業制限請求書を受け取るに当たり、必要最小限度の各種証明書の提出を求めることがある。

4　請求の日後に請求に係る子が出生したときは、深夜業制限請求書を提出した者（以下この条において「請求者」という。）は、出生後2週間以内に会社に深夜業制限対象児出生届を提出しなければならない。

5　制限開始予定日の前日までに、請求に係る子又は家族の死亡等により請求者が子を養育又は家族を介護しないこととなった場合には、請求されなかったものとみなす。この場合において、請求者は、原則として当該事由が発生した日に、会社にその旨を通知しなければならない。

6　次の各号に掲げるいずれかの事由が生じた場合には、制限期間は終了するものとし、当該制限期間の終了日は当該各号に掲げる日とする。なお、⑴の事由が生じた場合には、請求者は原則として当該事由が生じた日に会社にその旨を通知しなければならない。

⑴　子又は家族の死亡等制限に係る子を養育又は家族を介護しないこととなった場合
　　当該事由が発生した日

⑵　制限に係る子が小学校就学の始期に達した場合
　　子が6歳に達する日の属する年度の3月31日

⑶　請求者について、産前産後休業、育児休業、<u>出生時育児休業</u>

又は介護休業が始まった場合

　産前産後休業、育児休業、出生時育児休業又は介護休業の開始日の前日

7　制限期間中の給与については、別途定める給与規定に基づき、時間給換算した額を基礎とした実労働時間分の基本給と諸手当を支給する。

8　深夜業の制限を受ける従業員に対して、会社は必要に応じて昼間勤務へ転換させることがある。

第7章　所定労働時間の短縮等の措置

（育児のための所定労働時間の短縮措置）

第20条　3歳に満たない子を養育する従業員（日雇従業員及び1日の所定労働時間が6時間以下である従業員を除く。）は、申し出ることにより、就業規則第○条の所定労働時間について、所定労働時間を午前9時から午後4時まで（うち休憩時間は、午前12時から午後1時までの1時間とする。）の6時間とすることができる（1歳に満たない子を育てる女性従業員は更に別途30分ずつ2回の育児時間を請求することができる。）。ただし、労使協定によって除外された次の従業員はこの限りでない。

⑴　入社1年未満の従業員

⑵　1週間の所定労働日数が2日以下の従業員

⑶　第1号又は第2号のほか、業務の性質又は業務の実施体制に照らして、所定労働時間の短縮措置を講ずることが困難と認められる業務に従事する従業員

2　育児のための所定労働時間の短縮措置(以下、「育児短時間勤務」という。)の申出をしようとする者は、1回につき、1年以内の期間について、短縮を開始しようとする日及び短縮を終了しようとする日を明らかにして、原則として、短縮開始予定日の1か月前までに、育児短時間勤務申出書により会社に申し出なければな

らない。申出書が提出されたときは、会社は速やかに申出者に対し、育児短時間勤務取扱通知書を交付する。その他適用のための手続等については、第3条から第5条までの規定（第3条第3項及び第4条第2項を除く。）を準用する。

3　本制度の適用を受ける間の給与については、別途定める給与規定に基づき、時間給換算した額を基礎とした実労働時間分の基本給と諸手当を支給する。

4　賞与は、その算定対象期間に1か月以上本制度の適用を受ける期間がある場合においては、短縮した時間数に応じて減額する。

5　定期昇給及び退職金の算定に当たっては、本制度の適用を受ける期間は通常の勤務をしているものとみなす。

（介護のための所定労働時間の短縮措置等）

第21条　要介護状態にある家族を介護する従業員（日雇従業員を除く。）は、申し出ることにより、対象家族1人当たり申出日（利用開始日）より3年の範囲内に2回を限度として、就業規則に定める所定労働時間について、以下のように変更することができる。

　　所定労働時間を午前9時から午後4時まで（うち休憩時間は、午前12時から午後1時までの1時間とする。）の6時間とする。

〈アドバイス〉

　介護のための所定労働時間の短縮措置等は、所定労働時間の短縮（短時間勤務）、フレックスタイム制、始業終業時刻の繰り上げ・繰り下げ、介護サービスの費用の助成等の中から選択します。上記は「介護短時間勤務」を選択した場合で、取得期間を3年間とした場合のモデルです。

2　第1項の規定にかかわらず、労使協定により除外された次の従業員からの申出は拒むことができる。

⑴　入社1年未満の従業員

⑵　1週間の所定労働日数が2日以下の従業員

3　介護短時間勤務の申出をしようとする者は、1回につき、介護短時間勤務の開始日から3年以内の期間について、短縮を開始しようとする日及び短縮を終了しようとする日を明らかにして、原則として、短縮開始予定日の2週間前までに、介護短時間勤務申出書により会社に申し出なければならない。申出書が提出されたときは、会社は速やかに申出者に対し、介護短時間勤務取扱通知書を交付する。その他適用のための手続等については、第11条から第13条までの規定を準用する。

4　本制度の適用を受ける間の給与については、別途定める給与規定に基づき、時間給換算した額を基礎とした実労働時間分の基本給と諸手当を支給する。

5　賞与は、その算定対象期間に1か月以上本制度の適用を受ける期間がある場合においては、短縮した時間数に応じて減額する。

6　定期昇給及び退職金の算定に当たっては、本制度の適用を受ける期間は通常の勤務をしているものとみなす。

第8章　その他の事項

（給与等の取扱い）

第22条　育児・介護休業の期間については、基本給その他の月毎に支払われる給与は支給しない。

2　賞与については、その算定対象期間に育児・介護休業をした期間が含まれる場合には、出勤日数により日割りで計算した額を支給する。

3　定期昇給は、育児・介護休業の期間中は行わないものとし、育児・介護休業期間中に定期昇給日が到来した者については、復職後に昇給させるものとする。

4　退職金の算定に当たっては、その算定対象期間に育児・介護休業をした期間が含まれる場合には、出勤日数により日割りで計算した勤続年数により計算するものとする。

（介護休業期間中の社会保険料の取扱い）

第23条　介護休業により給与が支払われない月における社会保険料の被保険者負担分は、各月に会社が納付した額を翌月10日までに従業員に請求するものとし、従業員は会社が指定する日までに支払うものとする。

（復職後の勤務）

第24条　育児・介護休業後の勤務は、原則として、休業直前の部署及び職務とする。

2　第1項の規定にかかわらず、本人の希望がある場合及び組織の変更等やむを得ない事情がある場合には、部署及び職務の変更を行うことがある。この場合は、育児休業終了予定日の1か月前又は介護休業終了予定日の2週間前までに正式に決定し通知する。

3　復職日は原則として育児休業終了日又は介護休業終了日の翌日とする。

4　復職時の賃金は、原則として休業開始前の水準を下回らないものとする。ただし、職場・職務の変更など特別の事情がある場合はこの限りでない。

（年次有給休暇）

第25条　年次有給休暇の権利発生のための出勤率の算定に当たっては、育児・介護休業をした日は出勤したものとみなす。

（附則）

この規則は、令和○年○月○日から適用する。

2　社内様式例

※1　厚生労働省パンフレット「就業規則への記載はもうお済みですか-育児・介護休業等に関する規則の規定例-［詳細版］」（令和3年10月作成）に収録の社内様式を基に、筆者が一部加工して作成しました。

※2　様式例は、あくまで一つの例です。実際の様式は、事業所の実態にあったものとし、必ずしもこのとおりである必要はありません。

社内様式1

育児休業申出書（出生時育児休業以外）

殿

[申出日]　　　年　　月　　日
[申出者]　所属
　　　　　氏名

私は、育児・介護休業規程（第3条）に基づき、下記のとおり育児休業の申出をします。

記

1　育児休業に係る子の状況	(1)　氏名	
	(2)　生年月日	
	(3)　本人との続柄	
	(4)　養子の場合、縁組成立の年月日	年　　月　　日
	(5)　(1)の子が、特別養子縁組の監護期間中の子・養子縁組里親に委託されている子・養育里親として委託された子の場合、その手続きが完了した年月日	年　　月　　日
2　1の子が生まれていない場合の出産予定者の状況	(1)　氏名	
	(2)　出産予定日　　年　月　日	
	(3)　本人との続柄	
3　育児休業の期間	①　　年　月　日から　年　月　日まで（職場復帰予定日　　年　月　日）②　　年　月　日から　年　月　日まで（職場復帰予定日　　年　月　日）	
4　申出に係る状況	(1)　出生時育児休業の取得	ない・ある（ある場合以下に期間を記載）①　年　月　日から　年　月　日まで（職場復帰予定日　年　月　日）②　年　月　日から　年　月　日まで（職場復帰予定日　年　月　日）
	(2)　1歳までの育児休業の場合は休業開始予定日の1か月前、1歳を超えての休業の場合は2週間前に申し出て	いる・いない→申出が遅れた理由〔　　　　〕
	(3)　1の子について育児休業の申出を撤回したことが	ない・ある1歳到達前、1歳到達後、1歳6か月到達後再度休業する場合その理由（特別の事情）〔　　　　〕
	(4)　1の子について育児休業をしたことが（休業予定含む）	ない・ある（ある場合以下に申出期間を記載）①　年　月　日から　年　月　日まで②　年　月　日から　年　月　日まで
	(5)　配偶者も育児休業をしており、1歳を超えて休業しようとする場合	配偶者の休業開始（予定）日　　年　月　日配偶者の休業終了（予定）日　　年　月　日
	(6)　(5)以外で1歳を超えての休業の申出の場合	休業が必要な理由（特別の事情）〔　　　　〕

153

社内様式 2-1

出生時育児休業申出書

殿

出生時育児休業の取扱通知は、社内様式4〔〔出生時育児〕休業取扱通知書」を用いて対応します。

[申出日]　　　年　月　日
[申出者]所属
　　　　　氏名

私は、育児・介護休業規程（第6条）に基づき、下記のとおり出生時育児休業の申出をします。

記

1　休業に係る子の状況	(1)　氏名	
	(2)　生年月日	
	(3)　本人との続柄	
	(4)　養子の場合、縁組成立の年月日	年　　月　　日
	(5)　(1)の子が、特別養子縁組の監護期間中の子・養子縁組里親に委託されている子・養育里親として委託された子の場合、その手続きが完了した年月日	年　　月　　日
2　1の子が生まれていない場合の出産予定者の状況	(1)　氏名	
	(2)　出産予定日　　年　　月　　日	
	(3)　本人との続柄	
3　休業の期間 ・合計28日の範囲に収まっているか ・産後8週間以内に開始・終了しているかを確認します。	(1)　1回目　年　月　日から　年　月　日まで（職場復帰予定日　年　月　日）	
	(2)　2回目　年　月　日から　年　月　日まで（職場復帰予定日　年　月　日） ※分割して取得する場合でも、1回目と2回目を一括で申し出ること	1枚の申出書で2回分の休業を申し出ます。
4　申出に係る状況	(1)　休業開始予定日の2週間前に申し出て	いる・いない→申出が遅れた理由〔　　　　　　　〕
	(2)　1の子について出生時育児休業をしたことが（休業予定含む）	ない・ある（　回）
	(3)　1の子について出生時育児休業の申出を撤回したことが	ない・ある（　回）→2回ある場合又は1回あるかつ上記(2)が2回ある場合、再度申出の理由〔　　　　〕
	(4)　本休業に係る休業中の就業を 休業中の就業を認めない場合は、項目としては必要ありません。	希望する・希望しない→希望する場合は、様式2-2を作成

社内様式 2-2

出生時育児休業中の就業可能日等申出・変更申出書

殿

> 申出者が休業中の就業が可能な対象者に該当するかを確認してください（労使協定に規定する対象者を参照）。

[申出日]　　　　年　　月　　日
[申出者]　所属
　　　　　　氏名

私は、育児・介護休業規程（第9条）に基づき、下記のとおり出生時育児休業中の就業可能日等の

〔申出・変更申出〕をします。

記

1．出生時育児休業取得予定日（様式2-1で申出をした期間）

　　　　年　　月　　日（　曜日）から　　　　年　　月　　日（　曜日）まで

2．就業可能日等（変更申出の場合は当初申出から変更がない期間も含めて全て記載）

> 日数・時間数等が基準を満たす範囲に収まっているかを確認してください（本書では規定例・労使協定例に基準を明記しています）。

（1）　1回目の休業

日付	時間	備考 （テレワーク等の希望等）
年　月　日（　曜日）	時　分～　時　分	
年　月　日（　曜日）	時　分～　時　分	

> 就業場所・テレワークの有無、その他特別な取り扱いを認める場合などに使用します。

（2）　2回目の休業

日付	時間	備考 （テレワーク等の希望等）
年　月　日（　曜日）	時　分～　時　分	
年　月　日（　曜日）	時　分～　時　分	

（注1）　申出後に変更が生じた場合は、休業開始予定日の前日までの間にすみやかに変更申出書を提出してください。
（注2）　休業開始予定日の前日までに、就業可能日等の範囲内で就業日時等を提示します。提示する就業日がない場合もその旨通知します。

社内様式 2-3

事業主に就業日を提示されてから、本人が同意等の意思表示をするまでに就業の申し出を撤回する際に使用する様式です。社内様式2-4「出生時育児休業中の就業日等の提示について」とは前後することがあります。

出生時育児休業中の就業可能日等申出撤回届

　　　　　　　　殿

　　　　　　　　　　　　　　　　　　　　　　〔申出日〕　　　　年　　月　　　日
　　　　　　　　　　　　　　　　　　　　　　〔申出者〕所属
　　　　　　　　　　　　　　　　　　　　　　　　　　　氏名

　私は、育児・介護休業規程（第9条）に基づき、　　　　年　　月　　　日に行った出生時育児休業中就

業可能日等〔申出・変更申出〕を撤回します。

社内様式 2-4

> 本人から休業中の就業の申し出があった場合に、会社が就業日として提示できる日および時間を提示するために使用します。なお、撤回の申し出があった場合にも本書式を使用します。社内様式 2-3「出生時育児休業中の就業可能日等申出撤回届」とは前後することがあります。

出生時育児休業中の就業日等の提示について

　　　　　　　　　殿

　　　　　　　　　　　　　　　　　　　　　　年　　月　　日

　　　　　　　　　　　　会社名

　あなたから　　　年　　月　　日に出生時育児休業中の就業可能日等の

〔申出・変更の申出・撤回〕がありました。育児・介護休業規程（第9条）に基づき、就業日時等を提示いたします。

記

□　以下の就業日を提示します。

　　　回答は様式 2-5 を用いて、　　月　　日までに　　課へご提出ください。

(1)　1回目の休業

日付	時間	就業場所・業務内容等に関する特記事項
年　月　日（　曜日）	時　分～　時　分	
年　月　日（　曜日）	時　分～　時　分	

(2)　2回目の休業

日付	時間	就業場所・業務内容等に関する特記事項
年　月　日（　曜日）	時　分～　時　分	
年　月　日（　曜日）	時　分～　時　分	

□　提示する就業日はありません。全日休業となります。

□　就業可能日等申出・変更申出は撤回されました。全日休業となります。

社内様式 2-5

> 会社が提示した就業日に対して、本人が同意するかどうかを明示するために使用する社内様式です。

出生時育児休業中の就業日等の〔同意・不同意〕書

　　　　　　　殿

　　　　　　　　　　　　　　　　　　　　〔申出日〕　　　　年　　月　　日
　　　　　　　　　　　　　　　　　　　　〔申出者〕所属
　　　　　　　　　　　　　　　　　　　　　　　　　氏名

　私は、育児・介護休業規程（第9条）に基づき、　　　年　　月　　日に提示された出生時育児休業中の就業日等について、下記のとおり回答します。

記

☐　提示された就業日等に全て同意します。

☐　提示された就業日等に全て同意しません。

☐　提示された就業日等のうち、以下の内容に同意します。

[　　　　　　　　　　　　　　　　　　　　　　　　　　　　　　　　　　　　]

社内様式 2-6

> 本人が会社が提示した就業日に同意した後に就業を撤回するために使用する様式です。社内様式 2-7「出生時育児休業中の就業日等通知書」とは前後することがあります。

出生時育児休業中の就業日等撤回届

　　　　殿

[申出日]　　　年　月　日
[申出者] 所属
　　　　　氏名

　私は、育児・介護休業規程（第9条）に基づき、　　年　月　日に同意した出生時育児休業中の就業日等について、〔全部・一部〕を撤回します。

記

1. 撤回する就業日等
   (1)　1回目の休業

日付	時間
年　月　日（　曜日）	時　分～　時　分
年　月　日（　曜日）	時　分～　時　分

   (2)　2回目の休業

日付	時間
年　月　日（　曜日）	時　分～　時　分
年　月　日（　曜日）	時　分～　時　分

2. （休業開始日以降の撤回の場合）撤回理由（※）を記載（開始日前の場合は記載不要）

> 下記の内容が厚生労働省令で定める事由ですが、事業主が幅広く撤回を認めることは差し支えありません。

（※）休業開始日以降に就業日等を撤回可能な事由
一　出生時育児休業申出に係る子の親である配偶者の死亡
二　配偶者が負傷、疾病又は身体上若しくは精神上の障害その他これらに準ずる心身の状況により出生時育児休業申出に係る子を養育することが困難な状態になったこと
三　婚姻の解消その他の事情により配偶者が出生時育児休業申出に係る子と同居しないこととなったこと
四　出生時育児休業申出に係る子が負傷、疾病又は身体上若しくは精神上の障害その他これらに準ずる心身の状況により、2週間以上の期間にわたり世話を必要とする状態になったとき

社内様式 2-7

> 会社が提示した就業日に本人が同意した後
> に、最終決定した就業日を本人に通知する
> 際に使用する書式です。
> 社内様式 2-6「出生時育児休業中の就業日
> 等撤回届」とは前後することがあります。

出生時育児休業中の就業日等通知書

　　　　　　　　殿

　　　　　　　　　　　　　　　　　　　　　　　年　　月　　日

　　　　　　　　　　　　　会社名

あなたから　　　年　月　　日に出生時育児休業中の就業日等の

〔全面同意・一部同意・撤回〕がありました。育児・介護休業規程（第9条）に基づき、就業日等を下記のとおり通知します。

記

1 休業の期間	年　月　日（曜日）から　　　年　月　日（曜日）（　日）
2 就業日等申出撤回	(1) あなたが　　　年　月　日にした出生時育児休業中の就業日等の同意は撤回されました。 (2) あなたが　　　年　月　日に同意した出生時育児休業中の就業日等について、　　年　月　日に撤回届が提出されましたが、撤回可能な事由に該当しないため撤回することはできません。当該日に休む場合は、事前に　　課まで連絡してください。
3 就業日等	就業日合計　　　日（就業可能日数上限　　　日） 労働時間合計　　時間（就業可能労働時間上限　時間） ①　年　月　日（曜日）　時　分～　時　分 （休憩時間　時　分～　時　分） ②　年　月　日（曜日）　時　分～　時　分 （休憩時間　時　分～　時　分） ※就業場所、業務内容等特記事項があれば記載
4 その他	上記就業日等に就業できないことが判明した場合は、なるべく判明した日に　　課まで連絡してください。

社内様式3

〔育児・介護〕休業取扱通知書

　　　　　　　　　殿

　　　　　　　　　　　　　　　　　　　　　　　　　　　年　　月　　日

　　　　　　　　　　　　　　　　　　会社名

　あなたから　　　年　　月　　日に〔育児・介護〕休業の〔申出・期間変更の申出・申出の撤回〕が
ありました。育児・介護休業規程に基づき、その取扱いを下記のとおり通知します（ただし、期間の変更
の申出があった場合には下記の事項の若干の変更があり得ます）。

記

> 下記内容のうち、1(1)から(4)までの事項は事業主の義務となっている部分、それ以外の事項は努力義務となっている部分です。

1　休業の期間等	(1)適正な申出がされていましたので申出どおり　　　年　　月　　日から　　　年　　月　　日まで休業してください。職場復帰予定日は、　　　年　　月　　日です。 (2)申し出た期日が遅かったので休業を開始する日を　　　年　　月　　日にしてください。 (3)あなたは以下の理由により休業の対象者でないので休業することはできません。 〔　　　　　　　　　　　　　　　　　　　　　　　　　　　　　　　　　　　　　〕 (4)あなたが　　　年　　月　　日にした休業申出は撤回されました。 (5)(介護休業の場合のみ)申出に係る対象家族について介護休業ができる日数は通算93日です。今回の措置により、介護休業ができる残りの回数及び日数は、（　　）回（　　）日になります。
2　休業期間中の取扱い等	(1)休業期間中については給与を支払いません。 (2)所属は　　　課のままとします。 (3)・(育児休業の場合のみ)あなたの社会保険料は免除されます。 　・(介護休業の場合のみ)あなたの社会保険料本人負担分は、　　　月現在で1月約　　　円ですが、休業を開始することにより、　　月からは給与から天引きができなくなりますので、月ごとに会社から支払請求書を送付します。指定された日までに下記へ振り込むか、　　　に持参してください。 振込先： (4)税については市区町村より直接納税通知書が届きますので、それに従って支払ってください。 (5)毎月の給与から天引きされる社内融資返済金がある場合には、支払い猶予の措置を受けることができますので、　　　に申し出てください。
3　休業後の労働条件	(1)休業後のあなたの基本給は、　　　級　　　号　　　円です。 (2)　　　年　　　月の賞与については算定対象期間に　　　日の出勤日がありますので、出勤日数により日割りで計算した額を支給します。 (3)退職金の算定に当たっては、休業期間を勤務したものとみなして勤続年数を計算します。 (4)復職後は原則として　　　課で休業をする前と同じ職務についていただく予定ですが、休業終了1か月前までに正式に決定し通知します。 (5)あなたの　　　年度の有給休暇はあと　　　日ありますので、これから休業期間を除き　　　年　　月　　日までの間に消化してください。 　次年度の有給休暇は、今後　　　日以上欠勤がなければ、繰り越し分を除いて　　　日の有給休暇を請求できます。
4　その他	(1)お子さんを養育しなくなる、家族を介護しなくなる等あなたの休業に重大な変更をもたらす事由が発生したときは、なるべくその日に　　　課あて電話連絡をしてください。この場合の休業終了後の出勤日については、事由発生後2週間以内の日を会社と話し合って決定していただきます。 (2)休業期間中についても会社の福利厚生施設を利用することができます。

社内様式4

> 社内様式2-1「出生時育児休業申出書」で申し出された出生時育児休業の申し出および、社内様式6「〔(出生時)育児・介護〕休業申出撤回届」、社内様式7「〔(出生時)育児・介護〕休業期間変更申出書」による出生時育児休業の申し出の変更・撤回に対する取扱通知として使用する社内様式です。

〔出生時育児〕休業取扱通知書

　　　　　　　殿

　　　　　　　　　　　　　　　　　　　　　　　　　年　　月　　日
　　　　　　　　　　　　　　　　　　　　　会社名

　　あなたから　　　年　　月　　日に出生時育児休業の

〔申出・期間変更の申出・申出の撤回〕がありました。育児・介護休業規程（第6条及び第7条）に基づき、その取扱いを下記のとおり通知します（ただし、期間の変更の申出があった場合には下記の事項の若干の変更があり得ます）。

> 下記内容のうち、1(1)から(4)までの事項は事業主の義務となっている部分、それ以外の事項は努力義務となっている部分です。

記

1　休業の期間等	(1)適正な申出がされていましたので申出どおり　　年　　月　　日から　　年　　月　　日まで休業してください。職場復帰予定日は、　　年　　月　　日にしてください。 (2)申し出た期日が遅かったので休業を開始する日を　　年　　月　　日にしてください。 (3)あなたは以下の理由により休業の対象者でないので休業することはできません。 　・ (4)あなたが　　年　　月　　日にした休業申出は撤回されました。
2　休業期間中の取扱い等	(1)休業期間中については給与を支払いません。 (2)所属は　　　課のままとします。 (3)あなたの社会保険料は、一定の要件に該当する場合に限り免除されます（ただし、賞与に関する社会保険料は免除となりません）。 (4)税については市区町村より直接納税通知書が届きますので、それに従って支払ってください。 (5)毎月の給与から天引きされる社内融資返済金がある場合には、支払い猶予の措置を受けることができますので、　　　　　　　に申し出てください。
3　休業後の労働条件	(1)休業後のあなたの基本給は、　　級　　号　　　円です。 (2)　　年　　月の賞与については算定対象期間に　　日の出勤日がありますので、出勤日数により日割りで計算した額を支給します。 (3)退職金の算定に当たっては、休業期間を勤務したものとみなして勤続年数を計算します。 (4)復職後は原則として　　　課で休業をする前と同じ職務についていただく予定ですが、休業終了1か月前までに正式に決定し通知します。 (5)あなたの　年度の有給休暇はあと　　日ありますので、これから休業期間を除き　　年　　月　　日までの間に消化してください。 　次年度の有給休暇は、今後　　日以上欠勤がなければ、繰り越し分を除いて　　日の有給休暇を請求できます。
4　その他	(1)お子さんを養育しなくなる等あなたの休業に重大な変更をもたらす事由が発生したときは、なるべくその日に　　　　　　　課あて電話連絡をしてください。 (2)休業期間中についても会社の福利厚生施設を利用することができます。

> 出生時育児休業に関しては、単独で賞与に関する社会保険料が免除となることはない（休業が1カ月超となることがない）ため、ただし書きを追加します。

社内様式5

〔(出生時) 育児休業・育児のための所定外労働制限・育児のための時間外労働制限・
育児のための深夜業制限・育児短時間勤務〕対象児出生届

殿

　　　　　　　　　　　　　　　[申出日]　　　　年　　月　　　日
　　　　　　　　　　　　　　　[申出者] 所属
　　　　　　　　　　　　　　　　　　　氏名

私は、　　　年　　月　　日に行った〔(出生時) 育児休業の申出・所定外労働
制限の請求・時間外労働制限の請求・深夜業制限の請求・育児短時間
勤務の申出〕において出生していなかった子が出生しましたので、下記のとおり届け出ます。

記

1　出生した子の氏名

2　出生の年月日

社内様式6

〔(出生時) 育児・介護〕休業申出撤回届

殿

　　　　　　　　　　　　　　　[申出日]　　　　年　　月　　　日
　　　　　　　　　　　　　　　[申出者] 所属
　　　　　　　　　　　　　　　　　　　氏名

私は、育児・介護休業規程（第4条、第7条及び第12条）に基づき、　　　年　　月　　日に行った
〔(出生時) 育児・介護〕休業の申出を撤回します。

163

社内様式7

〔(出生時) 育児・介護〕休業期間変更申出書

殿

[申出日]　　　年　月　日
[申出者] 所属
氏名

　私は、育児・介護休業規程（第5条、第7条及び第13条）に基づき、　　年　月　日に行った

〔(出生時) 育児・介護〕休業の申出における休業期間を下記のとおり変更します。

記

1　当初の申出における休業期間	年　月　日から 　　　年　月　日まで
2　当初の申出に対する会社の対応	休業開始予定日の指定 ・　有　→　指定後の休業開始予定日 　　　　　　　年　月　日 ・　無
3　変更の内容	(1) 休業〔開始・終了〕予定日の変更 (2) 変更後の休業〔開始・終了〕予定日 　　　　　年　月　日
4　変更の理由 （休業開始予定日の変更の場合のみ）	

(注)　1歳6か月まで及び2歳までの育児休業及び介護休業に関しては休業開始予定日の変更はできません。

社内様式8

介護休業申出書

殿

[申出日]　　　年　月　日
[申出者] 所属
　　　　　氏名

私は、育児・介護休業規程（第11条）に基づき、下記のとおり介護休業の申出をします。

記

1　休業に係る家族の状況	(1)　氏名	
	(2)　本人との続柄	
	(3)　介護を必要とする理由	
2　休業の期間		年　月　日から　年　月　日まで （職場復帰予定日　　　年　月　日）
3　申出に係る状況	(1)　休業開始予定日の2週間 　　前に申し出て	いる・いない→申出が遅れた理由 〔　　　　　　　　　　　　　〕
	(2)　1の家族について、これ 　　までの介護休業をした回数 　　及び日数	回　　　　　日
	(3)　1の家族について介護休 　　業の申出を撤回したことが	ない・ある（　　回） 既に2回連続して撤回した場合、再度申出 の理由 〔　　　　　　　　　　　　　〕

社内様式9

〔子の看護休暇・介護休暇〕申出書

殿

　　　　　　　　　　　　　　　　　　〔申出日〕　　　　年　　月　　日
　　　　　　　　　　　　　　　　　　〔申出者〕所属
　　　　　　　　　　　　　　　　　　　　　　　氏名

　私は、育児・介護休業規程（第14条及び第15条）に基づき、下記のとおり〔子の看護休暇・介護休暇〕の申出をします。

記

		〔子の看護休暇〕	〔介護休暇〕
1　申出に係る家族の状況	(1)　氏名		
	(2)　生年月日		
	(3)　本人との続柄		
	(4)　養子の場合、縁組成立の年月日		
	(5)　(1)の子が、特別養子縁組の監護期間中の子・養子縁組里親に委託されている子・養育里親として委託された子の場合、その手続きが完了した年月日		
	(6)　介護を必要とする理由		
2　申出理由			
3　取得する日	1日・時間	年　　月　　日　　時　　分から 年　　月　　日　　時　　分まで	
4　備考	年　月　日〜　年　月　日（1年度）の期間において 育児　対象　　人　　日　　　　　介護　対象　　人　　日 取得済日数・時間数　　日　　時間　　　取得済日数・時間数　　日　　時間 今回申出日数・時間数　　日　　時間　　　今回申出日数・時間数　　日　　時間 残日数・残時間数　　　日　　時間　　　残日数・残時間数　　　日　　時間		

（注1）　当日、電話などで申し出た場合は、出勤後すみやかに提出してください。

　　　　3については、複数の日を一括して申し出る場合には、申し出る日をすべて記入してください。

（注2）　子の看護休暇の場合、取得できる日数は、小学校就学前の子が1人の場合は年5日、2人以上の場合は年10日となります。時間単位で取得できます。

　　　　介護休暇の場合、取得できる日数は、対象となる家族が1人の場合は年5日、2人以上の場合は年10日となります。時間単位で取得できます。

社内様式 10

〔育児・介護〕のための所定外労働制限請求書

殿

〔請求日〕　　　　年　　月　　日
〔請求者〕所属
　　　　　氏名

　私は、育児・介護休業規程（第16条及び第17条）に基づき、下記のとおり〔育児・介護〕のための所定外労働の制限を請求します。

記

			〔育児〕	〔介護〕
1　請求に係る家族の状況	(1)	氏名		
	(2)	生年月日		
	(3)	本人との続柄		
	(4)	養子の場合、縁組成立の年月日		
	(5)	(1)の子が、特別養子縁組の監護期間中の子・養子縁組里親に委託されている子・養育里親として委託された子の場合、その手続きが完了した年月日		
	(6)	介護を必要とする理由		
2　育児の場合、1の子が生まれていない場合の出産予定者の状況	(1)	氏名		
	(2)	出産予定日		
	(3)	本人との続柄		
3　制限の期間		年　　月　　日から　　年　　月　　日まで		
4　請求に係る状況		制限開始予定日の1か月前に請求をしている・いない→請求が遅れた理由〔　　　　　　　　　　　　　　　　　　　　〕		

社内様式 11

〔育児・介護〕のための時間外労働制限請求書

　　　　　　　　殿

　　　　　　　　　　　　　　　　　　[請求日]　　　　年　　月　　日
　　　　　　　　　　　　　　　　　　[請求者] 所属
　　　　　　　　　　　　　　　　　　　　　　　氏名

　私は、育児・介護休業規程（第18条）に基づき、下記のとおり〔育児・介護〕のための時間外労働の制限を請求します。

記

		〔育児〕	〔介護〕
1　請求に係る家族の状況	(1)　氏名		
	(2)　生年月日		
	(3)　本人との続柄		
	(4)　養子の場合、縁組成立の年月日		
	(5)　(1)の子が、特別養子縁組の監護期間中の子・養子縁組里親に委託されている子・養育里親として委託された子の場合、その手続きが完了した年月日		
	(6)　介護を必要とする理由		
2　育児の場合、1の子が生まれていない場合の出産予定者の状況	(1)　氏名		
	(2)　出産予定日		
	(3)　本人との続柄		
3　制限の期間	年　　月　　日から　　年　　月　　日まで		
4　請求に係る状況	制限開始予定日の1か月前に請求をしている・いない→請求が遅れた理由〔　　　　　　　　　　　　　　　　　　　　　〕		

社内様式 12

〔育児・介護〕のための深夜業制限請求書

　　　　　　　　　殿

　　　　　　　　　　　　　　　　　　［請求日］　　　　年　　月　　日
　　　　　　　　　　　　　　　　　　［請求者］所属
　　　　　　　　　　　　　　　　　　　　　　　氏名

　私は、育児・介護休業規程（第19条）に基づき、下記のとおり〔育児・介護〕のための深夜業の制限を請求します。

記

		〔育児〕	〔介護〕
1　請求に係る家族の状況	(1)　氏名		
	(2)　生年月日		
	(3)　本人との続柄		
	(4)　養子の場合、縁組成立の年月日		
	(5)　(1)の子が、特別養子縁組の監護期間中の子・養子縁組里親に委託されている子・養育里親として委託された子の場合、その手続きが完了した年月日		
	(6)　介護を必要とする理由		
2　育児の場合、1の子が生まれていない場合の出産予定者の状況	(1)　氏名		
	(2)　出産予定日		
	(3)　本人との続柄		
3　制限の期間	年　　月　　日から　　年　　月　　日まで		
4　請求に係る状況	(1)　制限開始予定日の1か月前に請求をしている・いない→請求が遅れた理由〔　　　　　　　　　　　　　　　　　　〕 (2)　常態として1の子を保育できる又は1の家族を介護できる16歳以上の同居の親族がいる・いない		

社内様式 13

育児短時間勤務申出書

殿

［申出日］　　　年　　月　　日
［申出者］所属
　　　　　氏名

私は、育児・介護休業規程（第 20 条）に基づき、下記のとおり育児短時間勤務の申出をします。

記

1　短時間勤務に係る子の状況	(1)　氏名	
	(2)　生年月日	
	(3)　本人との続柄	
	(4)　養子の場合、縁組成立の年月日	
	(5)　(1)の子が、特別養子縁組の監護期間中の子・養子縁組里親に委託されている子・養育里親として委託された子の場合、その手続きが完了した年月日	
2　1の子が生まれていない場合の出産予定者の状況	(1)　氏名 (2)　出産予定日 (3)　本人との続柄	
3　短時間勤務の期間	年　　月　　日から　　　年　　月　　日 ※　　時　　分から　　時　　分まで	
4　申出に係る状況	(1)　短時間勤務開始予定日の 1 か月前に申し出て	いる・いない→申出が遅れた理由 〔　　　　　　　　　　　　　　〕
	(2)　1 の子について短時間勤務の申出を撤回したことが	ない・ある 再度申出の理由 〔　　　　　　　　　　　　　　〕

（注）　3 の※欄は、従業員が個々に労働する時間を申し出ることを認める制度である場合には、必要となります。

社内様式14

介護短時間勤務申出書

　　　　　　　　殿

[申出日]　　　年　　月　　日
[申出者]所属
　　　　　氏名

　私は、育児・介護休業規程（第21条）に基づき、下記のとおり介護短時間勤務の申出をします。

記

1　短時間勤務に係る家族の状況	(1)　氏名	
	(2)　本人との続柄	
	(3)　介護を必要とする理由	
2　短時間勤務の期間	年　　月　　日から　　　年　　月　　日まで	
	※　　時　　分から　　時　　分まで □毎日　　□その他 [　　　　　　　　　　　　　　]	
3　申出に係る状況	(1)　短時間勤務開始予定日の2週間前に申し出て	いる・いない→申出が遅れた理由 [　　　　　　　　　　　　　　　]
	(2)　1の家族について最初の介護短時間勤務を開始した年月日、及びこれまでの利用回数	[最初の開始年月日] 　　　　　年　　　月　　　日 [回数] 　　　　　　　　回
	(3)　1の家族について介護短時間勤務の申出を撤回したことが	ない・ある（　　回） →既に2回連続して撤回した場合、再度申出の理由 [　　　　　　　　　　　　　　]

（注）　2の※欄は、従業員が個々に勤務しない日又は時間を申し出ることを認める制度である場合には必要となります。

社内様式 15

〔育児・介護〕短時間勤務取扱通知書

殿

年　　月　　日

会社名

　あなたから　　　年　　月　　日に〔育児・介護〕短時間勤務の申出がありました。育児・介護休業規程（第20条及び第21条）に基づき、その取扱いを下記のとおり通知します（ただし、期間の変更の申出があった場合には下記の事項の若干の変更があり得ます。）。

記

1 短時間勤務の期間等	・適正な申出がされていましたので申出どおり　　　年　　月　　日から　　　年　　月　　日まで短時間勤務をしてください。 ・申し出た期日が遅かったので短時間勤務を開始する日を　　　年　　月　　日にしてください。 ・あなたは以下の理由により対象者でないので短時間勤務をすることはできません。 〔　　　　　　　　　　　　　　　　　　　　　　　　　　　　　　　　　〕 ・今回の措置により、介護短時間勤務ができる期限は、　　　年　　月　　日までで、残り（　　）回になります。
2 短時間勤務期間の取扱い等	(1) 短時間勤務中の勤務時間は次のとおりとなります。 　　始業（　時　分）　終業（　時　分） 　　休憩時間（　時　分〜　時　分（　分）） (2)（産後1年以内の女性従業員の場合）上記の他、育児時間1日2回30分の請求ができます。 (3) 短時間勤務中は原則として所定時間外労働は行わせません。 (4) 短時間勤務中の賃金は次のとおりとなります。 　　1　基本賃金 　　2　諸手当の額又は計算方法 (5) 賞与の算定に当たっては、短縮した時間に対応する賞与は支給しません。 (6) 退職金の算定に当たっては、短時間勤務期間中も通常勤務をしたものとみなして計算します。
3 その他	お子さんを養育しなくなる、家族を介護しなくなる等あなたの勤務に重大な変更をもたらす事由が発生したときは、なるべくその日に　　　　　課あて電話連絡をしてください。この場合の通常勤務の開始日については、事由発生後2週間以内の日を会社と話し合って決定していただきます。

社内様式 16

育児目的休暇取得申出書

殿

[申出日]　　　年　　月　　日
[申出者]所属
　　　　　氏名

　私は、育児・介護休業規程（第○条）に基づき、下記のとおり育児目的休暇取得の申出をします。

記

1．取得日

　　　年　　月　　日（　曜日）から　　　年　　月　　日（　曜日）まで　日間

（注1）当日、電話などで申し出た場合は、出勤後すみやかに提出してください。

※こちらは参考様式です。
　育児・介護休業法上、育児目的休暇について申し出要件・手続きに定めはありません。

③ 労使協定例

※労使協定例については、適用除外関係と出生時育児休業関係（申し出期限・休業中の就業）ともに締結は任意であるため、それぞれ分けて締結する例をご提案します。

[1]育児・介護休業等の適用除外関係に関する労使協定の例

育児・介護休業等に関する労使協定（令和4年10月1日改正後）

○○株式会社と□□労働組合（労働者の過半数代表者□□）は、○○株式会社における育児・介護休業等に関し、次のとおり協定する。

（育児休業の申出を拒むことができる従業員）

第1条　事業所長は、次の従業員から1歳（法定要件に該当する場合は1歳6か月又は2歳）に満たない子を養育するための育児休業の申出があったときは、その申出を拒むことができるものとする。

　一　入社1年未満の従業員

　二　申出の日から1年（1歳6か月又は2歳に満たない子に係る育児休業の申出にあっては6か月）以内に雇用関係が終了することが明らかな従業員

　三　1週間の所定労働日数が2日以下の従業員

（出生時育児休業の申出を拒むことができる従業員）

第1条の2　事業所長は、次の従業員から出生時育児休業の申出があったときは、その申出を拒むことができるものとする。

　一　入社1年未満の従業員

　二　申出の日から8週間以内に雇用関係が終了することが明らか
　　な従業員

　三　1週間の所定労働日数が2日以下の従業員

（介護休業の申出を拒むことができる従業員）

第2条　事業所長は、次の従業員から介護休業の申出があったと
　きは、その申出を拒むことができるものとする。

　一　入社1年未満の従業員

　二　申出の日から93日以内に雇用関係が終了することが明らか
　　な従業員

　三　1週間の所定労働日数が2日以下の従業員

（子の看護休暇の申出を拒むことができる従業員）

第3条　事業所長は、次の従業員から子の看護休暇の申出があっ
　たときは、その申出を拒むことができるものとする。

　一　入社6か月未満の従業員

　二　1週間の所定労働日数が2日以下の従業員

　三　○○業務（業務の性質又は業務の実施体制に照らして、時間
　　単位で休暇を取得することが困難と認められる業務）に従事す
　　る従業員（時間単位で取得しようとする者に限る）

（介護休暇の申出を拒むことができる従業員）

第4条　事業所長は、次の従業員から介護休暇の申出があったと
　きは、その申出を拒むことができるものとする。

　一　入社6か月未満の従業員

　二　1週間の所定労働日数が2日以下の従業員

　三　○○業務（業務の性質又は業務の実施体制に照らして、時間
　　単位で休暇を取得することが困難と認められる業務）に従事す

る従業員（時間単位で取得しようとする者に限る）

（育児のための所定外労働の制限の請求を拒むことができる従業員）

第5条　事業所長は、次の従業員から育児のための所定外労働の制限の請求があったときは、その請求を拒むことができるものとする。

一　入社1年未満の従業員

二　1週間の所定労働日数が2日以下の従業員

（介護のための所定外労働の制限の請求を拒むことができる従業員）

第6条　事業所長は、次の従業員から介護のための所定外労働の制限の請求があったときは、その請求を拒むことができるものとする。

一　入社1年未満の従業員

二　1週間の所定労働日数が2日以下の従業員

（育児短時間勤務の申出を拒むことができる従業員）

第7条　事業所長は、次の従業員から育児短時間勤務の申出があったときは、その申出を拒むことができるものとする。

一　入社1年未満の従業員

二　1週間の所定労働日数が2日以下の従業員

三　○○業務（業務の性質又は業務の実施体制に照らして、短時間勤務制度を講ずることが困難と認められる業務）に従事する従業員

（介護短時間勤務等の申出を拒むことができる従業員）

第8条　事業所長は、次の従業員から介護短時間勤務等の申出があったときは、その申出を拒むことができるものとする。

一　入社1年未満の従業員

　二　１週間の所定労働日数が２日以下の従業員

（従業員への通知）

第９条　事業所長は、第１条から第８条までのいずれかの規定により従業員の申出又は請求を拒むときは、その旨を従業員に通知するものとする。

（有効期間）

第10条　本協定の有効期間は、令和○年○月○日から令和○年○月○日までとする。ただし、有効期間満了の１か月前までに、会社、組合（過半数代表者）いずれからも申出がないときには、更に１年間有効期間を延長するものとし、以降も同様とする。

令和○年○月○日

　　　　　○○株式会社　　　　　代表取締役　　○○○○　　　　　印
　　　　　労働組合執行委員長
　　　　　（労働者の過半数代表者）　　　　　○○○○　　　　　印

［解説］

①　労働者の過半数で組織する労働組合がない場合は、労働者の過半数を代表する者と協定してください。

②　介護短時間勤務等については選択的措置義務であり、短時間勤務の措置を講じない場合は、短時間勤務以外の三つの措置（フレックスタイム制度、始業・終業時刻の繰り上げ・繰り下げ、介護サービス費用の助成等）から一つ以上の措置を選択することになります。育児短時間勤務のように「業務の性質又は業務の実施体制に照らして、短時間勤務制度を講ずることが困難と認められる業務に従事する従業員」を労使協定で適用除外とすることができるわけではありません。

[2]出生時育児休業に関する労使協定の例

出生時育児休業に関する労使協定

　○○株式会社（以下、「会社」という）と□□労働組合は出生時育児休業に関する取扱いについて、下記のとおり協定する。

記

第1条（出生時育児休業の申出期限）

　会社は、出生時育児休業の申出が円滑に行われるように、次の(1)から(4)の雇用環境整備等の措置を実施する。これにより、出生時育児休業の申出期限は出生時育児休業開始予定日の1か月前までとする。

(1)　育児休業その他妊娠・出産・育児等に関する制度の内容の説明や、手続方法に関する相談をするために、人事部労政課に以下の窓口を設置する。

　　　　窓口名：出生時育児休業相談窓口

　　　　　　（担当者：○○○○、△△△△）

　　　　電話番号：内線 000-0000　外線 000-000-0000

(2)　育児休業等に関する制度利用を一層促進するために、社内イントラネット上に「○○株式会社の育児関係制度取得促進と両立支援対策方針」を公開し、全社員に周知する。

(3)　社内の男性育児休業取得率の目標値を「○○％」と定め、本協定の締結年月日の翌年度から継続的に達成するように、(2)の方針に基づく社内運用と啓発に努めるものとする。

(4)　育児休業申出に係る当該従業員の意向を確認するための措置を講じた上で、その意向を把握するための取組を行う。

〈アドバイス1〉

　出生時育児休業の申し出は、原則として2週間前までとされていますが、労使協定により前記の「雇用環境整備等の措置」を定めた場合には、申し出期限を最大1カ月前までとすることができます。突然の出生時育児休業の申し出が事業運営に大きな影響を与えると思われる場合は、導入を検討してください。

〈アドバイス2〉

　上記の**〈アドバイス1〉**の「雇用環境整備等の措置」については、以下の(1)～(3)のすべてを実施する必要があります。

　(1)　次に掲げる措置のうち、2以上の措置を講ずる。
　　①育児休業に関する研修の実施
　　②育児休業に関する相談体制の整備
　　③育児休業の取得に関する事例の収集・提供
　　④育児休業に関する制度と育児休業の取得の促進に関する方針の周知
　　⑤育児休業の申し出をした従業員の育児休業の取得が円滑に行われるようにするための業務の配分または人員の配置に関する必要な措置
　(2)　育児休業の取得に関する定量的な目標を設定し、育児休業の取得の促進に関する方針を周知する。
　(3)　育児休業の申し出に係る当該従業員の意向を確認するための措置を講じた上で、その意向を把握するための取り組みを行う。

〈アドバイス3〉

　上記**〈アドバイス2〉**の「(1)①育児休業に関する研修の実施」とは、その雇用するすべての従業員に対して研修を実施することが望ましいものであるが、少なくとも管理職の者については研修

を受けたことのある状態にすべきものとされています。

〈アドバイス４〉

　前記〈アドバイス２〉の「⑴③育児休業の取得に関する事例の収集・提供」とは、自社の育児休業の取得事例を収集し、当該事例の掲載された書類の配布やイントラネットへの掲載等を行い、従業員の閲覧に供することです。事例の収集・提供に当たっては、男女双方の事例を収集し、提供することが原則ですが、男女いずれかの対象者がいない場合に片方のみとなることはやむを得ないこととされています。また、提供する取得事例を特定の性別や職種、雇用形態等に偏らせず、可能な限りさまざまな従業員の事例を収集・提供することにより、特定の者の育児休業の申し出を控えさせることにつながらないように配慮することが求められます。

〈アドバイス５〉

　前記〈アドバイス２〉の「⑴⑤育児休業の申し出をした従業員の育児休業の取得が円滑に行われるようにするための業務の配分または人員の配置に関する必要な措置」については、業務の配分は、育児休業を取得した従業員の業務を単に周囲の他の従業員に引き継ぐだけでは措置を行ったこととはならず、休業した従業員の業務の分担等を行う他の従業員の業務負担が過大とならないよう配慮、調整の上で措置を行う必要があります。ただし、たまたま周囲に手すきの従業員がおり、業務の配分を検討した結果、休業する従業員の業務を他の従業員に引き継ぐことのみで対応できることとなった場合は必要な措置を講じたこととなります。

〈アドバイス６〉

　前記〈アドバイス２〉の「⑵育児休業の取得に関する定量的な

目標を設定」とは、法に基づく育児休業の取得率のほか、当該企業における独自の育児目的休暇制度を含めた取得率等を設定すること等も可能ですが、少なくとも男性の取得状況に関する目標を設定することが必要です。

第2条（出生時育児休業中の就業）

出生時育児休業の取得を希望する従業員のうち、次の基準に該当する者は、出生時育児休業期間中の就業の申出をすることができるものとする。

⑴　業務上の必要性が高く、又はやむを得ない事情により出生時育児休業中の就業を自ら希望していること
⑵　在宅勤務が可能な職務内容であること
⑶　在宅勤務を行う自宅の執務環境が育児休業との両立が可能な状況であること

〈アドバイス7〉

出生時育児休業中の就業に関する協定は任意的な措置のため、必ずしも規定する必要はありません。規定する場合は休業中の就業の対象となる従業員の範囲を示す必要があり、この場合、全員を対象にするか、一定の基準をもって範囲を限定することも可能です。

なお、136ページの〈アドバイス〉に記載したとおり、範囲を規定するに当たって、「雇用区分（正社員 or 契約社員 等）」を基準とすることは、期間の定めのある社員との不合理な待遇差とされる可能性があるため、不適当と考えられます。

2　前項の基準に該当する者は、以下の全ての基準を満たす範囲内で就業可能日及び就業可能時間帯その他の労働条件を申し出なければならない。

⑴　就業日数の合計は、出生時育児休業期間の所定労働日数の2分の1以下とする。ただし、1日未満の端数があるときは、こ

れを切り捨てた日数とする。

(2)　就業日における労働時間の合計は、出生時育児休業期間における所定労働時間の合計の2分の1以下とする。

(3)　出生時育児休業開始予定日とされた日又は出生時育児休業終了予定日とされた日を就業日とする場合は、当該日の所定労働時間数に満たない労働時間とする。

〈アドバイス8〉

　上記の就業可能日、就業可能時間帯に関する上限は法令上の規定です。これらに関しては、必ずしも労使協定に盛り込まなければならないとまではされていませんが、このように規程および協定に定めておくことによって、本人の希望・申し出内容と会社が提示する時間数とのギャップが生じることを防ぐことができます。

　このほか、137ページの〈アドバイス〉に記載したとおり、午前のみまたは午後のみの勤務しか認めないなど、休業中の就業に関する独自ルールを設定することも可能です（例：就業日は9：00〜12：00、13：00〜18：00までのいずれかの時間帯を選択して就労しなければならない）。

以上

厚生労働省公表Q&A・参考様式

1 Q&A

〇令和3年改正育児・介護休業法に関するQ&A

（令和3年11月30日時点）

1．全体

（改正内容について）

Q1-1：今回の改正の主な内容と施行日を教えてください。

A1-1：今回の改正は、希望に応じて男女ともに仕事と育児等を両立できるようにするため、

①男性の育児休業取得促進のための子の出生直後の時期における柔軟な育児休業の枠組みの創設（出生時育児休業。（通称：産後パパ育休））

②育児休業を取得しやすい雇用環境整備及び妊娠・出産の申出をした労働者に対する個別の周知・意向確認の措置の義務付け

③育児休業の分割取得

④育児休業の取得の状況の公表の義務付け

⑤有期雇用労働者の育児・介護休業取得要件の緩和

等の措置を講ずるものです。

　内容に応じて3段階の施行となり、

・②、⑤は令和4年4月1日から、

・①、③は令和4年10月1日から、

・④は令和5年4月1日から

施行されます。

　内容等について詳細は、厚生労働省のホームページに掲載されているリーフレット等をご参照ください。

（派遣労働者・出向者への法令の適用について）

Q1-2：今回の改正で、派遣元・派遣先がそれぞれ行わなければならないことは何ですか。

A1-2：派遣元は育児休業、介護休業等育児又は家族介護を行う労働者の福祉に関する法律（以下「法」といいます。）で事業主として課せられた義務の

すべてを行う必要があります。

　派遣元と派遣先の双方に課せられた義務としては、

・妊娠又は出産したこと等の申し出を理由とした、解雇その他不利益取扱いの禁止（法第 21 条第 2 項）、

・職場における育児休業等に関するハラスメントに関する相談等を理由とした解雇その他不利益な取扱いの禁止（法第 25 条第 2 項）

があります。

（令和 4 年 4 月 1 日から施行。労働者派遣事業の適正な運営の確保及び派遣労働者の保護等に関する法律第 47 条の 3 。）

Q1-3：出向者については、個別周知・雇用環境整備の措置は、出向元・出向先どちらの事業主が行うべきですか。

A1-3：育児休業に関する雇用管理を行っている事業主が行うべきものです。なお、育児休業の取得についての解釈としては、出向元との間に労働契約関係が存在しない、いわゆる移籍出向者については、出向先の事業主が該当し、いわゆる在籍出向者については、賃金の支払、労働時間管理等が出向先と出向元でどのように分担されているかによって、それぞれケースごとに判断されるべきものとしています。

2．妊娠・出産の申出をした労働者に対する個別の周知・意向確認の措置

（改正内容について）

Q2-1：個別の周知と意向確認の措置として、事業主は、どのような内容をどう実施すればよいですか。

A2-1：労働者から、本人又は配偶者が妊娠又は出産した旨等の申出があった場合に、当該労働者に対して、育児休業制度等（令和 4 年 10 月 1 日からは、出生時育児休業も含みます。）について周知するとともに、制度の取得意向を確認するための措置を実施する必要があります。※取得を控えさせるような形での個別周知と意向確認は認められません。

　周知事項は、

　　　①育児休業・出生時育児休業に関する制度

　　　②育児休業・出生時育児休業の申し出先

　　　③育児休業給付に関すること

　　　④労働者が育児休業・出生時育児休業期間について負担すべき社会保険

料の取り扱い

であり、これらの個別周知及び意向確認の措置は、

　　①面談

　　②書面交付（郵送によることも可能）

　　③FAX

　　④電子メール等

のいずれかによって行う必要があります（③・④は労働者が希望した場合のみ）。

　なお、個別周知・意向確認の措置に活用できる資料素材を、厚生労働省ホームページの以下のページに掲載しております。

https://www.mhlw.go.jp/stf/seisakunitsuite/bunya/000103533.html

「個別周知・意向確認書記載例」をご参照ください（編注：204ページ「2 参考様式」参照）。

（個別周知・意向確認を行わなければならない対象労働者について）

Q2-2：子どもが産まれるすべての労働者に個別の周知・意向の確認の措置を実施する必要がありますか。

A2-2：本人又は配偶者が妊娠又は出産した旨等の申出があった場合に、これらの措置を実施する必要があるものです。

Q2-3：妊娠・出産報告の時に、「育休を取得するつもりはない」「制度周知は不要」と言っていた労働者にも個別周知及び意向確認を行わなければならないのですか。

A2-3：法第21条は事業主に対して、育児休業に関する制度等の周知及び意向確認の措置を講ずることを義務づけているものですので、労働者が周知や意向確認の措置が不要である旨の意思表示をしていた場合であっても、事業主は、当該労働者に対し措置を講ずることが求められます。

　周知の方法や意向確認の措置は、FAXや電子メール等を労働者が希望しない限り面談又は書面の交付（労働者が希望した場合にはFAX、電子メール等による方法でも可能）で行うこととなります。（仮に当該労働者が周知及び意向確認を不要とする旨の意思表示をしている場合には、面談を行わず書面の交付（郵送によることも可能）で行うことも対応の一例として考えられます。）

Q2-4：個別周知について、次のような場合は、申出時に周知・意向確認措置義務が課されるのですか。それとも取得可能になった時に周知・意向確認措置義務が課されるのですか。

　①労働者から妊娠の申出があったが、労使協定で除外している入社1年未満の労働者である場合。

　②有期契約労働者から妊娠の申出があったが、雇用契約の更新予定がない場合。

　③育休取得できないことが明らかな労働者である場合（入社1年以上経つ時は子が1歳を超える等）

A2-4：いずれの場合も妊娠・出産等の申出があった段階で周知・意向確認の措置の義務が発生するものですが、子の年齢が育児休業の対象年齢を既に超えている場合等、今後育児休業を取得する可能性がない場合については、育児休業の制度の対象とはならない旨の説明を行えば足ります。

　①②のように当該労働者にとって後に育児休業申出が可能になる可能性があるケースについては、個別周知の措置は通常どおり行う必要がありますが、意向確認の措置については、その時点では当該労働者は育児休業申出が可能でないことから、措置を実施する必要はありません。

Q2-5：出生時育児休業は令和4年10月から施行されますが、それ以前に妊娠・出産等の申出があり、出産予定日が令和4年10月以降の場合は、個別周知の際に、出生時育児休業についても周知する必要がありますか。

A2-5：出生時育児休業については、令和4年10月以降に労働者から妊娠・出産等の申出が行われた場合に周知しなければならないものです。ただし、妊娠・出産等の申出が令和4年10月より前に行われた場合でも、子の出生が令和4年10月以降に見込まれるような場合には、出生時育児休業制度も含めて周知することが望ましいです。

Q2-6：個別周知・意向確認の措置は、令和4年4月1日以降に妊娠・出産等の申出があった労働者に対して行えばよいですか。

A2-6：そのとおりです。

（妊娠・出産等の申出について）

Q2-7：妊娠・出産等の申出は口頭でよいですか。

A2-7：法令では、申出方法を書面等に限定していないため、事業主において特段の定めがない場合は口頭でも可能です。（※）

　事業主が申出方法を指定する場合は、申出方法をあらかじめ明らかにしてください。

　仮に、申出方法を指定する場合、その方法については、申出を行う労働者にとって過重な負担を求めることにならないよう配慮しつつ、適切に定めることが求められますので、例えば、労働者が当該措置の適用を受けることを抑制するような手続を定めることは、認められません。

　また、仮に、その場合に指定された方法によらない申出があった場合でも、必要な内容が伝わるものである限り、措置を実施する必要があります。

（※）口頭による申出の場合でも措置を実施する必要がありますので、円滑な措置の実施のために、例えば、あらかじめ社内で申出先等を決めておき、その周知を行っておくことが望ましいです。

Q2-8：妊娠・出産等の申出があった際に、母子健康手帳等の証明書を提出させてよいですか。

A2-8：労働者から妊娠等の申出があった際に、事業主が当該労働者に対して、労働者又はその配偶者が妊娠、出産したこと等の事実を証明する書類（母子健康手帳等）の提示や、その写しの提出を求めることについては、法令上の規定はありませんが、事業主が労働者に対して提出を依頼し、本人が任意で提出することは可能です。

　ただし、仮にその提出を当該労働者が拒んだ場合であっても、当然、当該事実の申出自体の効力には影響はありません。

（個別周知・意向確認の実施について）

Q2-9：個別周知と意向確認は、人事部から行わなければならないのですか。所属長や直属の上司から行わせることとしてもよいですか。

A2-9：現行の育児休業に関する規定と同じく、「事業主」として行う手続きは、事業主又はその委任を受けてその権限を行使する者と労働者との間で行っていただくものです。

Q2-10：妊娠・出産等の申出をした労働者に対する個別周知・意向確認の措置の方法の一つとして、面談によることが定められていますが、ビデオ通話

を用いたオンラインによる面談は可能ですか。

A2-10：面談による方法については、直接対面して行うほか、ビデオ通話が可能な情報通信技術を用いたオンラインによる面談を行うことも可能です。(ただし、対面で行う場合と同程度の質が確保されることが必要であり、音声のみの通話などは面談による方法に含まれません。) なお、このほか、書面交付や、FAX・電子メール等の送信により行うことも可能です。(QA2-1 参照。)

Q2-11：個別周知・意向確認の措置について、面談による方法の場合、実施した内容を記録する必要はありますか。

A2-11：記録する義務はありませんが、面談の場合は、その他の書面を交付する方法や電子メールの送信方法等と異なり、記録が残らないため、必要に応じて作成することが望ましいです。

Q2-12：個別周知・意向確認の措置については、取得を控えさせるような形で実施することは認められていませんが、具体的にどういった場合が取得を控えさせるような形に該当しますか。

A2-12：取得を控えさせるような形での措置の実施としては、取得の申出をしないよう威圧する、申し出た場合の不利益をほのめかす、取得の前例がないことをことさらに強調するなどの様態が考えられます。

　また、仮に一度取得を控えさせるような言動があった後に、個別の周知、意向確認の措置が改めて行われた場合であっても、既に行われた取得を控えさせるような言動を含め、実施された措置全体として取得を控えさせる効果を持つ場合には、措置を実施したものとは認められません。

(意向確認と育児休業申出について)

Q2-13：意向確認の措置に対して労働者から「育児休業の取得の意向はない」と回答があった場合、その後に労働者から育児休業申出が行われても、拒むことができるのですか。

A2-13：法第 21 条第 1 項に基づき事業主が労働者に育児休業の意向確認をした際に、労働者が「育児休業の取得の意向はない」旨を示したとしても、労働者は法に基づき育児休業の申出を行うことができ、事業主は適法な労働者の育児休業申出を拒むことはできません。

3．育児休業を取得しやすい雇用環境整備の措置

（改正の概要・出向者への適用について）

Q3-1：育児休業を取得しやすい雇用環境の整備として、事業主は、具体的にどのようなことをすればよいですか。

A3-1：育児休業と出生時育児休業の申し出が円滑に行われるようにするため、事業主は以下のいずれかの措置を講じなければなりません。※複数の措置を講じることが望ましいです。

①育児休業・出生時育児休業に関する研修の実施

②育児休業・出生時育児休業に関する相談体制の整備等（相談窓口設置）

③自社の労働者の育児休業・出生時育児休業取得事例の収集・提供

④自社の労働者へ育児休業・出生時育児休業制度と育児休業取得促進に関する方針の周知

Q3-2：出向者については、個別周知・雇用環境整備の措置は、出向元・出向先どちらの事業主が行うべきですか。（Q1-3再掲）

A3-2：育児休業に関する雇用管理を行っている事業主が行うべきものです。なお、育児休業の取得についての解釈としては、出向元との間に労働契約関係が存在しないいわゆる移籍出向者については出向先の事業主が該当し、いわゆる在籍出向者については、賃金の支払、労働時間管理等が出向先と出向元でどのように分担されているかによってそれぞれケースごとに判断されるべきものとしています。

（対象者について）

Q3-3：育児休業を取得しやすい雇用環境の整備は、男性だけ対象に実施すればよいですか。

A3-3：男女問わず対象とする必要があります。

（雇用環境整備の措置の実施について）

Q3-4：法第22条第1項の雇用環境の整備等の措置のうち、第2号の「育児休業に関する相談体制の整備」について、既に育児休業に関する相談窓口がある場合は、新たに整備をすることなく、同号の措置を講じたものとすることはできますか。

A3-4：法第22条第1項第2号の整備に関する要件は次のとおりですので、こ

れを満たす相談体制であれば新たに整備することなく同号の要件を満たすものとなります。具体的には、

・相談体制の窓口の設置や相談対応者を置き、これを周知すること。

・このことは窓口を形式的に設けるだけでは足らず、実質的な対応が可能な窓口が設けられていることをいうものであり、労働者に対する窓口の周知等により、労働者が利用しやすい体制を整備しておくことが必要です。

Q3-5：育児期の社員がおらず、また、採用する予定もない場合でも、雇用環境整備をする必要はありますか。

A3-5：育児休業の申出対象となる子には、養子縁組等も含まれていることから、特定の年齢に限らず幅広い年齢の労働者が育児休業申出を行う可能性があります。また、雇用環境の整備の措置を求めている法第 22 条では、義務の対象となる事業主を限定していないことから、全ての事業主が雇用環境の整備をしていただく必要があります。

４．有期雇用労働者の育児・介護休業取得要件の緩和

（改正内容について）

Q4-1：有期雇用労働者の育児・介護休業の取得要件はどう緩和されるのですか。

A4-1：現行法では、育児休業・介護休業ともに、有期雇用労働者の取得要件として「引き続き雇用された期間が 1 年以上」が定められていますが、今回の改正で、この点は要件としては廃止されます。これに伴い、無期雇用労働者と同じく、引き続き雇用された期間が 1 年未満の場合は、労使協定において、対象から除外可能という形になります。

　なお、今回の改正後も、有期雇用労働者について以下の要件は残ります。

・育児休業：子が 1 歳 6 か月に達する日までに、労働契約が満了することが明らかでないこと

・介護休業：介護休業開始予定日から 93 日経過する日から 6 か月を経過する日までに、労働契約が満了することが明らかでないこと

Q4-2：有期雇用労働者の育児・介護休業取得要件について、今回の改正後も残る要件の（育児休業であれば「子が 1 歳 6 か月に達する日までに」）「労働契約が満了することが明らかではない」とは、具体的にどのようなことですか。

A4-2：休業の申出があった時点で労働契約の更新がないことが確実であるか
　　　否かによって判断されます。事業主が「更新しない」旨の明示をしていない
　　　場合については、原則として、「更新しない」とは判断されず、「労働契約が
　　　満了することが明らか」には当たらないこととなります。

（改正法施行前後の労使協定の取扱いについて）

Q4-3：今回の改正で、引き続き雇用された期間が１年未満の有期雇用労働者
　　　について、法律上対象外から労使協定除外の対象に変更になりますが、既に
　　　締結している労使協定において、引き続き雇用された期間が１年未満の労
　　　働者について有期雇用・無期雇用を問わない形で除外していた場合、労使協
　　　定を締結し直さなくとも、改正法の施行後は有期雇用・無期雇用問わず当該
　　　労使協定により除外されると解して良いですか。

A4-3：改正前の法第５条第１項ただし書では、引き続き雇用されていた期間
　　　が１年未満の有期雇用労働者には育児休業申出の権利が付与されていなかっ
　　　たところ、今回の改正法により、引き続き雇用されていた期間が１年未満の
　　　有期雇用労働者についても、育児休業申出の権利が付与されました。
　　　　このため、改正法の施行後において、有期雇用労働者も含めて、引き続き
　　　雇用されていた期間が１年未満の労働者について、法第６条第１項ただし書
　　　に基づき当該申出を拒む場合は、そのことについて、改めて労使協定を締結
　　　していただく必要があります。

５．出生時育児休業について

（改正の概要）

Q5-1：出生時育児休業の基本的な内容を教えてください。

A5-1：出生時育児休業は、子の出生後８週以内に４週間まで取得することが
　　　できる柔軟な育児休業の枠組みです。現行の育児休業と比べて、
　　　①申出期限が原則休業の２週間前まで
　　　②新制度の中で分割して２回取得することが可能
　　　③労使協定を締結している場合に限り、労働者と事業主が合意した範囲内で、
　　　　事前に調整した上で休業中に就業することが可能
　　　という特徴があります。

Q5-2：法改正後は、子の出生後８週以内は４週間までしか休業を取得できな

くなるのですか。

A5-2：違います。現行の育児休業は改正後も取得可能です。改正後は、現行の育児休業に加えて、出生時育児休業が創設されるものです。子の出生後8週以内の期間は、労働者の選択により、新制度と通常の育休のいずれも取得可能となります。

（対象者について）

Q5-3：出生時育児休業は、男性だけが取得可能ですか。

A5-3：出生時育児休業の対象期間である子の出生後8週以内は出産した女性は通常産後休業期間中になるため、この新制度の対象は主に男性になりますが、女性も養子の場合などは対象となります。

（出生時育児休業制度に関する改正法の施行前後の取扱いについて）

Q5-4：現行のいわゆる「パパ休暇」（子の出生後8週間以内に父親が育休取得した場合には再度取得可）はどうなりますか。

A5-4：現行のいわゆる「パパ休暇」は、今回の改正に伴いなくなり、出生時育児休業と、育児休業の分割取得化に見直されることとなります。

Q5-5：令和4年10月1日から出生時育児休業を取得したい場合、2週間前に申し出ればよいのですか。

A5-5：改正法のうち、出生時育児休業制度に係る規定は令和4年10月1日から施行されますので、法令上、労働者は令和4年10月1日より前に、事業主に対して出生時育児休業の申出をすることはできません。（※）

　　　なお、事業主が、法を上回る措置として、令和4年10月1日以降の日から開始する出生時育児休業の申出を令和4年10月1日より前に受け、同年10月1日以降、出生時育児休業を取得させることは差し支えません。

（※）労働者は事業主に対して、令和4年10月1日に、その当日を出生時育児休業の開始予定日とする出生時育児休業申出をすることは可能ですが、事業主は、申出があった日の翌日から起算して2週間を経過する日まで（10月1日〜10月15日）のいずれかの日を出生時育児休業の開始予定日として指定することができますので、労働者は必ずしも10月1日から出生時育児休業を取得できるとは限りません。

Q5-6：令和 4 年 10 月 1 日より前に育児休業を取得していた場合、施行日後に出生時育児休業を取得することはできるのでしょうか、また、その後育児休業は何回取得可能ですか。

　例えば、令和 4 年 9 月 1 日に生まれた子について、同年 9 月 5 日から 9 月 14 日まで 10 日間育児休業（子の出生後 8 週以内の休業なのでパパ休暇に該当）を取得していた場合はどうですか（例①）。

　また、例えば令和 4 年 9 月 1 日に、出産予定日である同年 10 月 1 日から 11 月 25 日まで育児休業の取得を申し出ていた場合は、施行日である同年 10 月 1 日以降の育児休業はどうなるのですか（例②）。

A5-6：令和 4 年 10 月 1 日前に開始したパパ休暇については、改正後の法第 5 条第 2 項（育児休業の取得可能回数）及び第 9 条の 2 第 2 項（出生時育児休業の取得可能回数・日数等）の規定の適用にあたっては出生時育児休業とみなされます（改正法附則第 4 条参照）。

　このため、例①については、施行日（令和 4 年 10 月 1 日）後については、出生時育児休業を 1 回・18 日の範囲内（出生時育児休業は 2 回・28 日まで取得できるものであるところ、既に取得したのが 1 回分・10 日分であるため）で取得することができ、また、その後育児休業については 2 回まで分割取得できることとなります。

　令和 4 年 10 月 1 日以降に開始した育児休業については経過措置は適用されず、例②については、申出時点で育児休業の申出であったことから、その後変更がなければ令和 4 年 10 月 1 日から同年 11 月 25 日までの育児休業（1 回目）の取得となりますが、労使で話し合いの上、出生時育児休業 4 週分、育児休業 4 週分（どの休業を・いつから・いつまでを明確にすること）と取り扱うことは差し支えありません。

　改正法の施行前でも令和 4 年 10 月 1 日以降の期間を含む育児休業申出がなされた場合は、労使双方でいずれの休業であるか、十分に確認し、双方で認識の誤りのないようにしてください。

　その他の出生時育児休業等の施行前後に係る事例とその取扱いは以下のとおりです。

（参考）育児休業、介護休業等育児又は家族介護を行う労働者の福祉に関する法律及び雇用保険法の一部を改正する法律（令和 3 年法律第 58 号）（抄）

　　附則　（育児休業に関する経過措置）

第四条　附則第一条第三号に掲げる規定の施行の日（附則第七条において「第
三号施行日」という。）前の日に開始した育児休業（当該育児休業に係る子
の出生の日から起算して八週間を経過する日の翌日まで（出産予定日前に当
該子が出生した場合にあっては当該出生の日から当該出産予定日から起算し
て八週間を経過する日の翌日までとし、出産予定日後に当該子が出生した場
合にあっては当該出産予定日から当該出生の日から起算して八週間を経過す
る日の翌日までとする。）の期間内に、労働者が当該子を養育するためにす
る最初の育児休業に限る。）は、第二条の規定による改正後の育児休業、介
護休業等育児又は家族介護を行う労働者の福祉に関する法律第五条第二項及
び第九条の二第二項の規定の適用については、同条第一項の規定による申出
によりした同項に規定する出生時育児休業とみなす。

（例１）施行日前にパパ休暇を取得し、施行日後に育児休業を２回取得す
　　　　ることは可能

※28日を超える日数でも可

（例２）施行日前にパパ休暇と通常の育児休業を取得し、施行日後に出
　　　　生時育児休業を１回、育児休業を１回取得することは可能。

※施行日前に取得した２回目の育児休業は本条の経過措置の対象外となるため、施行日
　後に育児休業を２回取得することは不可能。

（例３）施行日前にパパ休暇を14日間取得し、施行日後に出生時育児休業を１
　　　　回（残り14日）取得し、その後に育児休業を２回取得することは可能

※パパ休暇と出生時育児休業で合計28日まで。
　パパ休暇（27日以下）が施行日をまたぐものであっても同様に出生時育児休業は可能。

（例４）施行日前にパパ休暇を 10 日間取得し、施行日後に出生時育児休業を２回取得することは不可能。

※パパ休暇と１回目の出生時育児休業の合計が 27 日以下であっても、２回目の出生時育児休業を取得することは不可能。

（例５）施行日前にパパ休暇を開始し、施行日をまたいでパパ休暇を取得した後、育児休業を２回取得することは可能。

（例６）施行日後にパパ休暇を開始することはできない

※休業開始日が施行日以後であるため、パパ休暇としての取得は不可
　（改正後の育介法に基づく育児休業又は出生時育児休業としての取得となる）

（出生時育児休業申出・期間について）

Q5-7：産後７週〜10 週の休業申出があった。産後７〜８週は自動的に出生時育児休業になるのか。または、８週のうち４週までの育児休業は全て出生時育児休業として取り扱うよう労使で取り決めてよいですか。

A5-7：育児休業申出と出生時育児休業申出はそれぞれ別の権利として労働者に付与されているものですので、「産後〇週間以内の期間についての休業の申出は出生時育児休業の申出とする」といった自動的・一律の取扱いはできません。また、労使協定等でそのような取扱いとすることを事前に取り決めることもできません。

　仮に、労働者から、育児休業申出又は出生時育児休業申出のどちらか不明な申出が行われた場合には、事業主はいずれの申出に対しても、その申出をした労働者にどの申出であるかを確認してください。

Q5-8：
①既に社内に、配偶者の出産時や育児のために、年5日、子が生まれてか
ら小学校を卒業する年度末まで利用できる育児目的休暇がある場合、出生
時育児休業については、28日から5日間を引いたうえで、23日間取得
できる制度としてよいですか。
②既に社内に、子が生まれる前に5日間休暇を取得できる育児目的休暇制
度がある場合、出生時育児休業については、28日から5日間を引いたう
えで、23日間取得できる制度としてよいですか。
③①の場合、年次有給休暇の付与に係る出勤率算定に当たって、出勤したも
のとみなすのは、出生時育休として申出された23日以内となるのですか。

A5-8：
①育児のための休暇であり、その内容が法で定める出生時育児休業の要件（申
出期限原則2週間前、2回に分割可能、事業主の時季変更権なし等）を満
たすものであれば差し支えありません。
②法で定める出生時育児休業の要件を満たすことが必要であり、法第9条の
2では、「子の出生の日から起算して8週間を経過する日の翌日までの期
間内に4週間以内の期間を定めてする休業」とされていることから、当該
育児目的休暇の5日間は、法で定める出生時育児休業の要件を満たしてい
ません。
③社内の名称如何に関わらず、事業主は法第9条の2に基づく労働者の申出
があった場合は、28日以内の出生時育児休業を取得させなければならず、
従前から育児目的休暇として設けられていた5日の部分についても、育児・
介護休業法上は、出生時育児休業の扱いとなることから、年次有給休暇の
付与に係る出勤率算定に当たっては、出勤したとみなされます。

（参考）労働基準法（昭和22年法律第49号）（抄）

第39条
⑩労働者が業務上負傷し、又は疾病にかかり療養のために休業した期間及び育児休
業、介護休業等育児又は家族介護を行う労働者の福祉に関する法律第二条第一号
に規定する育児休業又は同条第二号に規定する介護休業をした期間並びに産前産
後の女性が第六十五条の規定によつて休業した期間は、第一項及び第二項の規定
の適用については、これを出勤したものとみなす。

Q5-10[※]：出生時育児休業を2回に分割して取得する場合は、その都度申し出ればよいですか。

A5-10：出生時育児休業を2回に分割して取得する場合は、初回の出生時育児休業の申出の際にまとめて申し出ることが原則であり、まとめて申し出ない場合（1回目の出生時育児休業の申出をした後日に2回目の申出をする場合）には、事業主は2回目以降の出生時育児休業に係る申出を拒むことができます。なお、事業主はこれを拒まないことも可能ですので、この場合は法第9条の2に規定する法定の出生時育児休業を取得することとなります。

※編注：Q番号は原文ママ（次も同じ）。

（出生時育児休業中の給付金について）

Q5-11：出生時育児休業は、育児休業給付の対象になりますか。

A5-11：なります。（出生時育児休業給付金）

6．出生時育児休業期間における休業中の就業

（改正の概要・派遣労働者への適用について）

Q6-1：休業中の就業は、労働者が希望すればいつでもできるのですか。

A6-1：休業中の就業は、労使協定を締結している場合に限り、労働者と事業主の合意した範囲内で、事前に調整した上で休業中に就業することを可能とするものです。具体的な手続きの流れは以下①～④のとおりです。

①労働者が就業してもよい場合は、事業主にその条件を申し出

②事業主は、労働者が申し出た条件の範囲内で候補日・時間を提示（候補日等がない（就業させることを希望しない）場合はその旨）

③労働者が同意

④事業主が通知

　なお、就業可能日等には上限があります。

・休業期間中の所定労働日・所定労働時間の半分

・休業開始・終了予定日を就業日とする場合は当該日の所定労働時間数未満

　例）所定労働時間が1日8時間、1週間の所定労働日が5日の労働者が、休業2週間・休業期間中の所定労働日10日・休業期間中の所定労働時間80時間の場合

　⇒就業日数上限5日、就業時間上限40時間、休業開始・終了予定日の就業は8時間未満

（注）以上とは別に、出生時育児休業給付金の対象となるのは、出生時育児休業期間中の就業日数が一定の水準（※）以内である場合です。

※出生時育児休業を 28 日間（最大取得日数）取得する場合は、10 日（10 日を超える場合は 80 時間）。これより短い場合は、それに比例した日数または時間数。（例：14 日間の出生時育児休業の場合は、5 日（5 日を超える場合は 40 時間））

Q6-2：派遣労働者が出生時育児休業中に就業する場合、就業可能日の申出・変更・撤回、就業日の提示は派遣先と派遣労働者で直接行ってよいのですか。

A6-2：労働者派遣事業の適正な運営の確保及び派遣労働者の保護等に関する法律第 2 条第 2 号の派遣労働者については、派遣元と派遣労働者との間に労働契約関係があることから、派遣労働者は派遣元の事業主に対して出生時育児休業中の就業可能日の申出等を行うこととなります。

（出生時育児休業中の就業申出について）

Q6-3：出生時育児休業中に就業する場合、契約上の勤務時間以外の時間を労働者が申し出てもよいのですか。（勤務時間外の夜間の 2 時間でテレワークであれば勤務可能など。）

A6-3：出生時育児休業期間中の就業可能な時間帯等の申出は、所定労働時間内の時間帯に限って行うことができますので、所定労働時間外の時間帯について、労働者は就業の申出を行うことはできません。

Q6-4：出生時育児休業中の就業について、労働者から就業可能日等の申出があり、事業主がその範囲内で日時を提示した後に労働者から就業可能日の変更の申出があった場合はどのように対応すればよいですか。

A6-4：出生時育児休業の開始予定日の前日までに労働者から変更の申出があった場合には、事業主は、労働者から再度申出がされた変更後の就業可能日等について、再度就業可能日等のうち、就業させることを希望する日（希望する日がない場合はその旨）及びその時間帯その他の労働条件等を労働者に提示（規則第 21 条の 15 第 4 項）し、労働者の同意を得る必要があります。

Q6-5：休業中の就業について、就業可能日等の申出の際に労働者は従事する業務内容についても申し出ることはできますか。その場合、事業主が労働者

を就業させることができるのは、労働者が申し出た業務内容の範囲に限られますか。

A6-5：労働者からの申出可能な内容は「就業可能日」「就業可能日における就業可能な時間帯その他の労働条件」であり、業務内容が「労働条件」の範囲内であれば（例えば、テレワークで実施できる集計業務に限って就業可能と申し出る、等）、労働者から申し出ることができ、事業主は労働者の申出の範囲内で就業させることができることとなります。

Q6-6：派遣元とその事業所の過半数労働組合等との労使協定において出生時育児休業中の就業が可能とされた派遣労働者から申出があった就業可能日について、当該派遣労働者を（派遣元の事業所ではなく）派遣先において就業させる場合、当該派遣労働者が、派遣先とその事業所の過半数労働組合等との労使協定において定められた「出生時育児休業期間中に就業させることができるもの」にも該当している必要があるのですか。

A6-6：派遣元とその事業所の過半数労働組合等との労使協定において定められた「出生時育児休業期間中に就業させることができるもの」に該当していれば足ります。

Q6-7：出生時育児休業開始後、出生時育児休業中の就業日に撤回事由に該当しない事由で休む場合に、年次有給休暇を取得することは可能ですか。また、出生時育児休業開始後に予定していた業務がなくなったため事業主側から就業日を撤回することは可能ですか。

A6-7：出生時育児休業期間中の就業日は労働日であるため、年次有給休暇を取得することは可能です。また、出生時育児休業期間開始後に事業主から当該就業日について撤回をすることはできません。

Q6-8：出生時育児休業中に就業させることができる者について労使協定で定める際、「休業開始日の○週間前までに就業可能日を申し出た労働者に限る」といった形で対象労働者の範囲を規定することは可能ですか。

A6-8：ご指摘のような形で対象労働者の範囲を定めることは可能です。

7．育児休業の分割取得等

Q7-1：育児休業について2回まで分割取得が可能になるとのことですが、出

生時育児休業とあわせた場合、1歳までの間に4回まで取得可能になるということですか。

A7-1：そのとおりです。

Q7-2：育児休業が分割取得できるようになると、これまでのいわゆる「パパ休暇」はどうなりますか。

A7-2：現行のいわゆる「パパ休暇」は、今回の改正に伴い廃止され、出生時育児休業と、育児休業の分割取得化に見直されることとなります。

Q7-3：出生時育児休業については、2回に分割して取得する場合には初めにまとめて申し出なければならないとのことですが、通常の育児休業についても、2回に分割して取得する場合にはまとめて申し出ないといけないのですか。

A7-3：通常の育児休業については、まとめて申し出る必要はありません。

Q7-4：育休及び出生時育休を2回分割する場合、繰上げ・繰下げ変更の回数は何回ですか。

A7-4：育児休業や出生時育児休業について、2回に分割して取得する場合は各申出について、育児休業の開始予定日の繰り上げ（出産予定日前に子が出生した場合等について）を1回、終了予定日の繰り下げ（事由を問わない）を1回ずつすることができます。

8．職場における育児休業等に関するハラスメント

Q8-1：出生時育児休業期間中の就業について、事業主が提示した日時で就業することを労働者に強要することはハラスメントに該当しますか。

A8-1：出生時育児休業期間中の就業については、労使協定の締結を前提に、

①出生時育児休業申出をした労働者が、事業主に対して、当該出生時育児休業期間において就業することができる日等（就業可能日等）を申し出た場合に、

②事業主が当該申出に係る就業可能日等の範囲内で日時を提示し、当該労働者の同意を得た場合に限り、

当該日時で労働者を就業させることが可能となるものです。

　つまり、あくまで出生時育児休業期間中の就業は、労使協定の締結を前提

として、労働者側からの就業可能日等の申出と、それを受けた事業主の提示に対する労働者の同意の範囲内で就業させるものです。

　そのため、労働者が休業中の就業可能日等の申出を行わない場合や事業主の提示した日時に同意しない場合に、上司等が解雇その他不利益な取扱いを示唆したり、嫌がらせ等をしたりすることは、職場における育児休業等に関するハラスメントに該当し、また、事業主が提示した日時で就業することを労働者に対して強要した場合には法違反にもなります。

Q8-2：妊娠・出産の申し出をした労働者に対する個別周知・意向確認のための措置の実施に際して、上司等が育児休業制度等の利用を控えさせるような対応をすることはハラスメントに該当しますか。

A8-2：そのとおりです。なお、新たに創設される出生時育児休業制度についても、上司等が当該制度の利用を控えさせるような言動等をすることは、職場における育児休業等に関するハラスメントに該当するため、留意する必要があります。

Q8-3：育児休業制度等を利用していない労働者に対して、育児休業等の取得率の向上等を目的として、当該制度の利用を強要することはハラスメントに当たりますか。

A8-3：育児休業等の取得率の向上等を目的とする場合などに、法の趣旨を踏まえて、上司等から育児休業等を利用していない労働者に積極的に育児休業等の取得を勧めること自体は差し支えありませんが、当該制度の利用を強制するために、上司等が当該労働者に対して人格を否定するような言動をするなどの精神的な攻撃等をした場合には、パワーハラスメントに該当すると考えられます。

9．育児休業の取得の状況の公表の義務付け（従業員1000人超の企業が対象）

Q9-1：育児休業の取得の状況の公表は、どのように行うのですか。

A9-1：育児休業の取得の状況の公表（法第22条の2）は、インターネットの利用その他の適切な方法により行うこととされています。（育児・介護休業法施行規則第71条の3）

Q9-2：育児休業の取得の状況の公表は、どのような内容を公表することが必

要ですか。

A9-2：①又は②のいずれかの割合を公表する必要があります。（育児・介護休
業法施行規則第71条の4）

①

> 公表前事業年度（※1）においてその雇用する男性労働者が
> 育児休業等（※2）をしたものの数の割合
> ―――――――――――――――――――――――――――
> 公表前事業年度（※1）において、事業主が雇用する男性労
> 働者であって、配偶者が出産したものの数

②

> 公表前事業年度（※1）においてその雇用する男性労働者が
> 育児休業等（※2）をしたものの数及び小学校就学の始期に
> 達するまでの子を養育する男性労働者を雇用する事業主が講
> ずる育児を目的とした休暇制度（育児休業等及び子の看護休
> 暇を除く。）を利用したものの数の合計数
> ―――――――――――――――――――――――――――
> 公表前事業年度（※1）において、事業主が雇用する男性労
> 働者であって配偶者が出産したものの数

※1　公表前事業年度：公表を行う日の属する事業年度の直前の事業年度

※2　育児休業等：育児休業及び法第23条第2項又は第24条第1項の規
定に基づく措置として育児休業に関する制度に準ずる
措置が講じられた場合の当該措置によりする休業。

2 参考様式

仕事と育児の両立を進めよう！

育児休業は、原則1歳になるまで取得できる制度です。夫婦で協力して育児をするため積極的に取得しましょう。

【男性が育児休業を取得するメリット】

● 夫のメリット…子どもと一緒に過ごす時間の確保、育児・家事スキルの向上、これまでの業務の進め方を見直すきっかけ、時間管理能力・効率的な働き方が身につく

● 妻のメリット…育児不安やストレス軽減、就労継続・昇進意欲・社会復帰への意欲の維持

● 職場のメリット…仕事の進め方・働き方を見直すきっかけ、職場の結束が強まり「お互い様」でサポートしあう関係が構築（育児休業だけでなく、病気による入院や介護休業等で不在になる可能性も）、雇用環境の改善による離職率の低下・応募者の増加

1. 育児休業（育休）は性別を問わず取得できます。

対象者	労働者。※配偶者が専業主婦（夫）でも取得できます。夫婦同時に取得できます。 　有期契約労働者の方は、申出時点で、子が1歳6か月を経過する日までに労働契約期間が満了し、更新されないことが明らかでない場合取得できます。 ＜対象外＞（対象外の労働者を労使協定で締結している場合の例） ①入社1年未満の労働者　②申出の日から1年以内（1歳6か月又は2歳までの育児休業の場合は6か月以内）に雇用関係が終了する労働者　③1週間の所定労働日数が2日以下の労働者
期間	原則、子が1歳に達する日（1歳の誕生日の前日）までの間の労働者が希望する期間。なお、配偶者が育児休業をしている場合は、子が1歳2か月に達するまで出産日と産後休業期間と育児休業期間と出生時育児休業を合計して1年間以内の休業が可能（パパ・ママ育休プラス）。 　保育所等に入所できない等の理由がある場合は最長子が2歳に達する日（2歳の誕生日の前日）まで延長可能。
申出期限	原則休業の1か月前までに●●部□□係に申し出てください。
分割取得	令和4年10月以降分割して2回取得可能

２. 出生時育児休業（産後パパ育休）は男性の育児休業取得を促進する制度です。
（令和４年 10 月１日スタート）

対象者	男性労働者。なお、養子の場合等は女性も取得できます。※配偶者が専業主婦（夫）でも取得できます。 　有期契約労働者の方は、申出時点で、出生後８週間を経過する日の翌日から起算して６か月を経過する日までに労働契約期間が満了し、更新されないことが明らかでない場合取得できます。 ＜対象外＞（対象外の労働者を労使協定で締結している場合の例） ①入社１年未満の労働者　②申出の日から８週間以内に雇用関係が終了する労働者 ③１週間の所定労働日数が２日以下の労働者
期間	子の出生後８週間以内に４週間までの間の労働者が希望する期間。
申出期限	（２週間前とする場合の記載例）原則休業の２週間前までに●●部□□係に申し出てください。 　（労使協定を締結し、１か月前とする場合の記載例）原則休業の１か月前までに●● 部□□係に申し出てください。※当社では、育児・介護休業法で義務づけられている内容を上回る措置の実施（①研修の実施、②相談窓口の設置）等を労使協定で締結し、申出期限を１か月前までとしています。
分割取得	分割して２回取得可能（まとめて申し出ることが必要）
休業中の就業^{（※）}	調整等が必要ですので、希望する場合、まずは●●部□□係にご相談ください。

（※）休業中の就業について労使協定を締結していない場合記載は不要です。

〜知っておこう産後の気分の不調〜
出産後多くの方は、気分の落ち込みなどの抑うつ気分をはじめとするいわゆる「マタニティ・ブルーズ」を経験します。一過性のことがほとんどですが、２週間以上続く場合は「産後うつ病」である可能性があるため、早めに医療機関や市町村窓口へ相談してください。
出産後は周囲のサポートが重要です。育児休業を有効に活用しましょう。

育児休業、出生時育児休業には、給付の支給や社会保険料免除があります。

育児休業給付

　育児休業（出生時育児休業を含む）を取得し、受給資格を満たしていれば、原則として休業開始時の賃金の 67%（180 日経過後は 50%）の育児休業給付を受けることができます。

育児休業期間中の社会保険料の免除

　一定の要件（その月の末日が育児休業（出生時育児休業を含む、以下同じ）期間中である場合（令和４年 10 月以降はこれに加えてその月中に 14 日以上育児休業を取得した場合、賞与に係る保険料については１か月を超える育児休業を取得した場合））を満たしていれば、育児休業をしている間の社会保険料が被保険者本人負担分及び事業主負担分ともに免除されます。

育児休業、出生時育児休業以外の両立支援制度も積極的にご利用ください！
社長からのメッセージ「□□□□□□□□□□□□□□□□□□□□□□□□□」
　　～我が社の目標～

　　　　男性の育児休業・出生時育児休業取得率●●％以上、平均●か月以上
　　　女性の育児休業取得率●●％以上

育児短時間勤務制度(注)	3歳に満たない子を養育する場合、1日の所定労働時間を6時間に短縮することができる制度
所定外労働の制限	3歳に満たない子を養育する場合、所定外労働を制限することを請求できる制度
時間外労働の制限	小学校就学前の子を養育する場合、時間外労働を1月24時間、1年150時間以内に制限することを請求できる制度
深夜業の制限	小学校就学前の子を養育する場合、午後10時から午前5時の深夜業を制限することを請求できる制度
子の看護休暇	小学校就学前の子を養育する場合、1年に5日（子が2人の場合は10日）まで、病気・けがをした子の看護又は子に予防接種・健康診断を受けさせるための休暇制度（時間単位の休暇も可）。

（注）一部又は全部の労働者について、「業務の性質又は業務の実施体制に照らして、所定労働時間の短縮措置を講ずることが困難と認められる業務に従事する労働者」として労使協定により適用除外としている場合、代替措置を記載してください。

　当社では、育児休業等の申出をしたこと又は取得したことを理由として不利益な取扱いをすることはありません。
　また、妊娠・出産、育児休業等に関するハラスメント行為を許しません。

育児休業・出生時育児休業の取得の意向について、以下を記載し、このページのコピーを、　　年　　月　　日までに、●●部□□係へ提出してください。

該当するものに○	
	育児休業を取得する。
	出生時育児休業を取得する。
	取得する意向はない。
	検討中

（注）男性については、育児休業も出生時育児休業も取得することができます。

【提出日】　●年●月●日
【提出者】　所属　□□部△△課
　　　　　　氏名　◆◆　◆◆

個別周知・意向確認書記載例（必要最小限事例、令和4年4月から令和4年9月まで）

仕事と育児の両立を進めよう！

育児休業（育休）は性別を問わず取得できます。

対象者	労働者。※配偶者が専業主婦（夫）でも取得できます。夫婦同時に取得できます。 有期契約労働者の方は、申出時点で、子が1歳6か月を経過する日までに労働契約期間が満了し、更新されないことが明らかでない場合取得できます。 ＜対象外＞（対象外の労働者を労使協定で締結している場合の例） ①入社1年未満の労働者　②申出の日から1年以内（1歳6か月又は2歳までの育児休業の場合は6か月以内）に雇用関係が終了する労働者　③1週間の所定労働日数が2日以下の労働者
期間	原則、子が1歳に達する日（1歳の誕生日の前日）までの間の労働者が希望する期間。なお、配偶者が育児休業をしている場合は、子が1歳2か月に達するまで出産日と産後休業期間と育児休業期間を合計して1年間以内の休業が可能（パパ・ママ育休プラス）。
申出期限	原則休業の1か月前までに●●部□□係に申し出てください。
回数	原則1回。子の出生後8週間以内に産後休業をしていない労働者が最初の育児休業を取得した場合は、特別な事情がなくても、再度の取得が可能（パパ休暇）。

育児休業には、給付の支給や社会保険料免除があります。

育児休業給付

　育児休業を取得し、受給資格を満たしていれば、原則として休業開始時の賃金の67％（180日経過後は50％）の育児休業給付を受けることができます。

育児休業期間中の社会保険料の免除

　その月の末日が育児休業期間中である場合、育児休業をしている間の社会保険料が被保険者本人負担分及び事業主負担分ともに免除されます。

　当社では、育児休業等の申出をしたこと又は取得したことを理由として不利益な取扱いをすることはありません。
　また、妊娠・出産、育児休業等に関するハラスメント行為を許しません。

- -

育児休業の取得の意向について、以下を記載し、このページのコピーを、　年　月　日までに、●●部□□係へ提出してください。

該当するものに○	
	育児休業を取得する。
	取得する意向はない。
	検討中

【提出日】　●年●月●日
【提出者】　所属　□□部△△課
　　　　　　氏名　◆◆　◆◆

個別周知・意向確認書記載例（必要最小限事例、令和4年10月以降）

仕事と育児の両立を進めよう！

1. 育児休業（育休）は性別を問わず取得できます。

対象者	労働者。※配偶者が専業主婦（夫）でも取得できます。夫婦同時に取得できます。 有期契約労働者の方は、申出時点で、子が1歳6か月を経過する日までに労働契約期間が満了し、更新されないことが明らかでない場合取得できます。 <対象外>（対象外の労働者を労使協定で締結している場合の例） ①入社1年未満の労働者　②申出の日から1年以内（1歳6か月又は2歳までの育児休業の場合は6か月以内）に雇用関係が終了する労働者　③1週間の所定労働日数が2日以下の労働者
期間	原則、子が1歳に達する日（1歳の誕生日の前日）までの間の労働者が希望する期間。なお、配偶者が育児休業をしている場合は、子が1歳2か月に達するまで出産日と産後休業期間と育児休業期間と出生時育児休業を合計して1年間以内の休業が可能（パパ・ママ育休プラス）。
申出期限	原則休業の1か月前までに●●部□□係に申し出てください。
分割取得	分割して2回取得可能

2. 出生時育児休業（産後パパ育休）は男性の育児休業取得を促進する制度です。

対象者	男性労働者。なお、養子の場合等は女性も取得できます。※配偶者が専業主婦（夫）でも取得できます。 有期契約労働者の方は、申出時点で、出生後8週間を経過する日の翌日から起算して6か月を経過する日までに労働契約期間が満了し、更新されないことが明らかでない場合取得できます。 <対象外>（対象外の労働者を労使協定で締結している場合の例） ①入社1年未満の労働者　②申出の日から8週間以内に雇用関係が終了する労働者　③1週間の所定労働日数が2日以下の労働者
期間	子の出生後8週間以内に4週間までの間の労働者が希望する期間。
申出期限	（2週間前とする場合の記載例）原則休業の2週間前までに●●部□□係に申し出てください。 （労使協定を締結し、1か月前とする場合の記載例）原則休業の1か月前までに●●部□□係に申し出てください。
分割取得	分割して2回取得可能（まとめて申し出ることが必要）
休業中の就業（※）	調整等が必要ですので、希望する場合、まずは●●部□□係にご相談ください。

（※）休業中の就業について労使協定を締結していない場合記載は不要です。

育児休業、出生時育児休業には、給付の支給や社会保険料免除があります。

育児休業給付

　育児休業（出生時育児休業を含む）を取得し、受給資格を満たしていれば、原則として休業開始時の賃金の67％（180日経過後は50％）の育児休業給付を受けることができます。

育児休業期間中の社会保険料の免除

　一定の要件（その月の末日が育児休業（出生時育児休業を含む、以下同じ）期間中である場合（令和4年10月以降に開始した育児休業については、これに加えて、その月中に14日以上育児休業を取得した場合及び賞与に係る保険料については1か月を超える育児休業を取得した場合））を満たしていれば、育児休業をしている間の社会保険料が被保険者本人負担分及び事業主負担分ともに免除されます。

　当社では、育児休業等の申出をしたこと又は取得したことを理由として不利益な取扱いをすることはありません。
　また、妊娠・出産、育児休業等に関するハラスメント行為を許しません。

育児休業・出生時育児休業の取得の意向について、以下を記載し、このページのコピーを、　年　月　日までに、●●部□□係へ提出してください。

該当するものに○	
	育児休業を取得する。
	出生時育児休業を取得する。
	取得する意向はない。
	検討中

（注）男性については、育児休業も出生時育児休業も取得することができます。

育児休業の取得事例

所　　属：製造部　企画課
氏　　名：厚労　太郎さん
取得期間：子の出生直後から３か月間
　　　　　　～我が社、５人目の男性育児休業取得者～

（取得したいと思ったきっかけ）

（配偶者の反応）

（上司・同僚の反応）

（取得にあたって準備したこと（仕事面））

（取得にあたって準備したこと（家庭・子育て面））

（育児休業中どう過ごしたか）

（復帰後の働き方と育児について）

（育児休業を取得した感想）

（これから育児休業を取得する男性職員へのメッセージ）

【上司からのメッセージ】
　当課での男性育休取得は初めてでしたが、厚労さんの育休取得が業務分担の見直しと見える化につながり、課内全体で生産性を意識した働き方が進むきっかけとなりました。ぜひ今後も、育児と仕事を両立して、若手社員のモデルとなってもらいたいと思います。

育児休業制度及び取得促進方針周知例

我が社は仕事と育児を両立する社員を積極的にサポートします！

社長からのメッセージ

社長の顔写真

~我が社の目標~

男性の育児休業・出生時育児休業取得率●●%以上、平均●か月以上
女性の育児休業取得率●●%以上

育児休業、出生時育児休業を積極的に取得してください！

そのためにも、

- 全労働者に対し年に1回以上仕事と育児の両立に関する研修を実施します！
- 仕事と家庭の両立に関する相談窓口を設置します！
- 妊娠・出産（本人又は配偶者）の申出をした方に対し、個別に制度を周知するとともに育児休業・出生時育児休業の取得の意向を確認します！

育児休業、出生時育児休業以外の両立支援制度も積極的にご利用ください！

仕事と育児の両立支援制度概要

| 制度に関するお問い合わせ、申し込み先 | ○○部△△課　□□□□（内線○○、メールアドレス△△） |

（注）一部又は全部の労働者について、「業務の性質又は業務の実施体制に照らして、所定労働時間の短縮措置を講ずることが困難と認められる業務に従事する労働者」として労使協定により適用除外としている場合、代替措置を記載してください。

出生時育児休業中の就業について

育児休業は労働者の権利であって、その期間の労務提供義務を消滅させる制度であることから、育児休業中は就業しないことが原則です。

子の出生後8週間以内の休業である「出生時育児休業」については、仕事を理由として育児休業の取得をためらっている労働者であっても育児休業を取得しやすいようにする制度です。

労働者の意に反したものとならないことを担保した上で、労働者の意向を踏まえ、労働者と事業主が事前に調整した上での休業中の部分的な就業が可能です。

出生時育児休業中の就業については、休業開始前までに労使協定(事業所の労働者の過半数で組織する労働組合があるときはその労働組合、事業所の労働者の過半数で組織する労働組合がないときはその労働者の過半数を代表する者との書面による協定)を締結する必要があります。

労使協定後の具体的な手続きの流れは以下①～④のとおりです。

①労働者が就業してもよい場合は事業主にその条件を申出
　※休業開始予定日前日まで変更・撤回可能
②事業主は、労働者が申し出た条件の範囲内で候補日・時間を提示
　(候補日等がない場合はその旨提示)
③労働者の同意
④事業主の通知
　なお、・休業開始予定日以後も特別の事情があれば同意の撤回が可能です。
　　　　・就業可能日等の上限は、休業期間中の所定労働日・所定労働時間の半分です。
　　　　・休業中の就業については「残業」させることはありません。

ご注意ください。

　出生時育児休業給付金

　　給付金の対象となるのは、出生時育児休業期間中の就業日数が一定の水準(※)以内である場合です。

　　※出生時育児休業を28日間(最大取得日数)取得する場合は、10日(10日を超える場合は80時間)。これより短い場合は、それに比例した日数または時間数。(例:14日間の出生時育児休業の場合は、5日(5日を超える場合は40時間))

　　また、出生時育児休業期間中に就業して得た賃金額と出生時育児休業給付金の合計が、休業前賃金日額×休業日数の80%を超える場合は、当該超える額が出生時育児休業給付金から減額されます。

　育児休業期間中の社会保険料の免除

　　令和4年10月以降に開始した育児休業については、その月の末日が育児休業期間中である場合と、その月中に14日以上育児休業を取得した場合に、社会保険料が免除されます。また、賞与に係る保険料については1か月を超える育児休業を取得した場合のみ免除の対象となります。この「14日以上」の日数には、事前に調整して就業した日は含まれません。

　　※令和4年9月以前に開始した育児休業については、その月の末日が育児休業期間中である場合のみ、社会保険料が免除されます。

【著者紹介】

小磯優子（こいそ ゆうこ）
OURS小磯社会保険労務士法人 代表社員
特定社会保険労務士
1978年成蹊大学日本文学科卒業、2020年早稲田大学大学院法学研究科修了。アパレルメーカーの人事労務部門に勤務。1993年小磯社会保険労務士事務所を設立、2009年OURS小磯社会保険労務士法人に改組。2015年東京都社会保険労務士会副会長、2019年全国社会保険労務士会連合会理事。企業の労務管理を中心とした相談業務、人事制度構築等に従事。著書に『改正 育児・介護休業法の基本と実務 早わかり』（共著、労務行政）など。

高橋克郎（たかはし かつろう）
OURS小磯社会保険労務士法人 社員
社会保険労務士
2009年中央大学法学部卒業。2012年4月OURS小磯社会保険労務士法人入所。東証第1部上場企業を含む顧問先人事労務顧問を担当し、日常業務からM＆A、IPOに係る相談に対応する。また、100人規模から数千人規模の大企業における労働・社会保険手続きのアウトソーシング導入を行う。

カバー・本文デザイン／志岐デザイン事務所

印刷・製本／日本フィニッシュ

〈1冊でわかる! 改正早わかりシリーズ〉

育児・介護休業法

2022年3月18日 初版発行
2022年4月9日 初版第2刷発行

著　者　小磯優子・高橋克郎
発行所　株式会社 労務行政
　　　　〒141-0031 東京都品川区西五反田3-6-21
　　　　　　　　　住友不動産西五反田ビル3階
　　　　TEL：03-3491-1231　FAX：03-3491-1299
　　　　https://www.rosei.jp/

ISBN978-4-8452-2391-6
定価はカバーに表示してあります。